U0134997

阿斯匹靈的理財航路

小資族投資法，每天3分鐘，

航向人生勝利組！

阿斯匹靈　著

「理財是一條學習的過程而不是結果，所以享受航路上的美景吧！」——阿斯匹靈

作者序：翻轉人生，只需要一個想法

在出版社來找我出書之前，我就想要出這本書了，內心深處已經種下小小的種子，之後開始接觸許多幫助這本書出版的人事物，像是舉辦一系列的小資理財讀書會，讓我可以了解大多數朋友的金錢價值觀，也閱讀了許多好書，讓我對於金錢對我們的影響，有更深層的了解，因此在出版社找到我之後，就如同水到渠成，很快地就讓這本書問世，也希望這本書是一個開端，因為有關財富的議題，幾乎就跟行銷學一樣到處都有人討論，但是很難找到一個標準答案，又猶如人們在追尋的信仰，大多數只能意會不能言傳，所以出書寫成文字難免會偏離原意，因此希望讀者在閱讀本書之後，有任何的疑惑或是心得，都可以與我交流，藉由教學相長的過程，讓我們可以一起踏上富裕的旅程。

首先非常感謝出版社，這本書讓我非常地期待，也希望這本書只是和出版社合作的開端，未來希望可以開拓出理財的另一條大道，這條嶄新的理財之路，不同於以往的理財書籍所提供的方向，而是可以帶給大家全新的醒悟，在兩岸準備面臨全新的發展時，是應該要有全新的觀念來因應，希望透過這本書，所有的朋友都可以很快地有所改變，並且邁向不同的未來。

最後要感謝的就是我的妻子，這本書動筆的時候，剛好是我的小寶寶誕生的時刻，因此非常謝謝她在這段期間辛苦看顧小孩，讓我免於在小孩的哭鬧聲中寫作，能夠專心地完成這本書，讓這本書可以順利的如期出版。

真的還要感謝誰的話，就是閱讀這本書的您，若您能透過這本書邁向富裕之海，就是我莫大的福份，在此獻上我最由衷的感恩，Namaste。

阿斯匹靈

前言

你的一念決定了富有或貧窮

現今的社會產生一種很奇妙的現況，大多數的人明明都嚮往金錢，卻又時時刻刻在做討厭金錢的行為，在如此矛盾的狀況下，痛苦自然是唯一會發生的事情，因此可以看到社會上到處都充滿了緊皺著眉，滿臉愁容的人們。我在長期演講的過程中，常常看到很多投資人陷在這樣的矛盾之中，這樣無論提供什麼投資方法給這些人，最後的結果都是不佳的，而有些投資人由於沒有這些矛盾在，或是矛盾的阻力比較小，在上完我的課之後，往往就會出現很大的獲利，也會回來跟我感謝。

事實上，反而是我應該感謝這些人，因為他們本來就會邁向富裕之路，我只是他們邁向富裕的一個媒介，很有福分地成為他們的助力之一，就像一間補習班，只要建中的學生夠多，上台大醫科的榜單自然不會少。但我總是心心念念在其他大多數的人，不過這些人需要的不是投資的方法，而是投資的「根基」，如果一間房子的地基不穩，那麼上面無論用多好的建材，多好的工法，都是無法蓋出高聳的大樓，因此這本書就是希望幫助這些人打出穩穩的根基，地基一旦穩固，到時候想要蓋別墅還是大樓，都會因這些人的想法隨之完成的。

讓金錢追著你跑

如果我們能把「金錢的能量」找回來，就會成為別人羨慕的對象，台股從二〇〇三年開始了大多頭走勢，指數從四千點上漲到二〇〇七年的九千八百點，上漲了快要六千點之多，那段時期全球股市也是大多頭的走勢，因此無論是投資台股還是全球股市基金的人，都可以享受到財富成長的滋味，不過由於二〇〇八年的金融海嘯，讓大部分的人都把財富還給市場，只有少數的人可以保留住這些財富，之後這些人中又有一部分的人剛好把資金投入台灣的房地產，而房地產就從二〇〇八年一路增值到二〇一四年，這些少數人的財富又再度往上攀升了一大段，也就是說從二〇〇三年到二〇一四年市場會多了一批新富翁，二〇一五年股市再度重挫三千點，又有人從低檔開始買進，直到二〇一八年股市再度上萬點，又再度讓財富往上攀升了。這些少數人是因為精通股市以及房地產嗎？當然不是的，市場上可以同時精通這兩種的人可以說是少之又少，那麼這些人是怎麼做到的，有很大的原因就是這些人的「金錢能量」很強，所以不是他們很會投資或賺錢，而是金錢會主動來到這些人身邊。

蝴蝶會靠近花朵，是因為花朵的芬芳，花朵不用刻意去追求蝴蝶，只要散發花香，蝴蝶自然就會被吸引過來，因此我們不應該刻意地去追求金錢，而是要把自己的「金錢能量」調整好，那麼財富自然就會被我們給吸引過來的。本書的第一章就希望大家不要先行動，而是好好地調整自己的金錢能量，也就是好好地想，把自己的思維調整到對的位置，再來我們所說的每一句話以及所做的每一件事，都會跟財富有關，也完全不會排斥金錢，金錢自然會被我們吸引而來，「富有」對我們來說就只是另一個人生的開端，透過「富有」我們會重新活出自己的人生，也會讓這個世界變得更加美好，你所需要做的就是繼續翻下去，然後開始好好地「想」吧！

CONTENTS

PART 1

想富有？其實你還不夠「想」！

只要你跟著本書一直「想」下去，
你會發現富有的人生，
就在你的未來不遠處的。

每個人都想過著富有的人生，卻往往是過著羨慕別人經常出國、吃高級餐廳、開超跑、住豪宅等的人生。事實是，很少人真正地「想要」富有的人生。此刻，你可能心裡納悶「我怎麼可能不想？誰都想要這樣的人生啊！」但的確就是我們沒有想，或者說我們不夠「想」，因此才沒有辦法過這樣的人生。

好比人人都愛吃美食。我們可能偶然經過一間小吃店，看著店家人潮絡繹不絕，菜單價格合理，且剛好還有空位，此時肚子也餓了，那就進去吃一頓吧！但如果是在電視上看到美食節目推薦，只要想到店家離自己住處車程要花上三個小時，而且往往都是大排長龍，到現場還要排隊1個小時以上，最後價格又非常昂貴，種種情況下多數人會選擇放棄這道美食，因此雖然人人都愛吃美食，但是為了美食的付出程度是呈現很大差異的。

夠「想」就會行動

真的美食愛好者，會願意為了一道美食付出很大的代價，這就表示夠「想」要品嚐美味的食物，才會達成目標，結果吃到美味的食物，自然理所當然，如果連走出門都不願意，就表示有比品嚐美食更重視的事，因此美食當然就不會融入生活中了。

換言之，我們當然可以富有，只要我們夠「想」要富有，我們是一定想要三餐溫飽的，因此無論如何也會找到一份工作養活自己。如果路上看見流浪漢好手好腳，卻只想乞討不去工作賺錢，寧願在寒風中受凍，吃不飽穿不暖，我們一定會訝異於為什麼他們不願意付出一點勞力來換取溫飽的生活呢？同樣地，富有的人也是這樣感嘆，為什麼不願意多努力一些來換得富有的人生呢？

好手好腳的流浪漢不夠「想」要溫飽的人生，只想要日子過一天算一天，等到哪一天他的心念改變，開始「想」要過溫飽的人生，願意去找一份工作，一段時間後就能自給自足。現在，我們想想自己，是不是不夠「想」要富有的人生呢？

如果夠「想」要富有的人生，也開始積極地「想」要富有的人生，這本書就會如同流浪漢的第一份工作一樣，改變你原有的想法，只要你跟著本書一直「想」下去，會發現富有的人生就在未來的不遠處。

當你翻閱這本書，就是你「想」要富有的證明，就是「想」要富有的行動表現，現在你需要做的很簡單，就是強化這個「想」，所以繼續閱讀吧！從這個行動開始，你就要富有了！

假如你是千萬富翁？

大部分人都在努力賺錢，卻很少想過賺錢之後要做什麼，請試想一個問題：「如果你有一千萬，那麼你想要做什麼？」

通常答案會是出國旅行、買房子、車子，以及把錢存進銀行或是投資等等，再問另一個問題：「如果你有十億，你想要做什麼呢？」很多人可能就會一時想不到可以做什麼，頂多就是回答想要環遊世界、買豪宅、跑車，最後還是把剩下的錢存進銀行或投資，事實上有十億已經可以開一間旅行社、成立一家跑車的進口商以及成為一間銀行的股東了。不過你可能會說你對開旅行社、當跑車進口商，以及銀行股東沒有興趣，那麼請你再仔細想想旅行、買車以及存銀行是你的興趣嗎？還是單純想要體驗有錢的感受以及貧窮的恐懼呢？

如果你對於這個問題沒有明確的答案，當然不會願意為了賺到一千萬付出許多代價，因為你不用賺到一千萬就能夠出國旅遊，只是旅遊地點從馬爾地夫十日遊改成香港一日行而已，你能接受這樣的結果，因為你「不夠想要」頂級的旅遊行程，你沒有一千萬也可以有一台車，只是從限量款保時捷換成改裝過的本田汽車而已，你能接受這樣的結果，因為你不夠想要限量款的保時捷，所以你的銀行戶頭到底是一千萬還是十萬，對你來說其實差異不大，因為你賺到一千萬之後也只是享受「比較高級」的旅遊跟跑車而已，所以回過頭來說你根本沒有那麼想要一千萬，因此你不會為了那一千萬去閱讀一百本書或是犧牲假期去上課進修，你可以接受戶頭只有十萬，因為你想要每個週末都跟朋友去看電影或是喝下午茶，所以你不夠「想」要有一千萬，那麼當你在路邊看到限量款保時捷或是看到朋友去馬爾地夫打卡的臉書時，你腦中浮現的只是短暫的羨慕，你羨慕的是有錢人可以實現他的夢想，而你可能連自己的夢想都還不知道是什麼？

●不同人擁有一千萬，也產生一千萬種不同的結果，所以也獲得不一樣的人生

幼稚園的時候，如果老師問我們長大要做什麼，五十個小朋友起碼會有三十種以上的答案，不過曾幾何時我們的夢想只剩下出國旅遊跟買房、買車？而且這幾件事情是無法讓我們有動力去追求的，所以我們如果想要賺到一千萬，就要好好思考擁有一千萬之後，到底要追求什麼樣的生活或是夢想，如果你的夢想是開一間有機咖啡店，那麼你會願意閱讀許多書跟上許多課，然後期許自

己十年後可以完成夢想，你會願意為了十年後的咖啡店努力並堅持下去，中間可以犧牲掉許多假期跟娛樂，因為你有自己的夢想要完成，不過假設要你為了旅遊或買房努力十年，中間要你都不能跟朋友喝下午茶或是看電影，你應該是做不到的，因為那不是你的夢想，所以你會以眼前的享樂為主，不會去想十年後的事情，等到十年後你看到朋友擁有自己的咖啡店時，你所擁有的就只剩下羨慕了。

因此，請先好好思考這個問題，如果我們擁有一千萬卻不能花，那麼這一千萬對我們來說還有價值嗎？假設我們千辛萬苦才賺到這一千萬並且要花掉的話，那會是什麼樣的事情或夢想值得我們去花掉這一千萬呢？也許是成立一間托兒所、讓自己每年都可以去日本滑雪數次、在台東開一間民宿、成立自己的工作室或是照顧好自己以及身邊的家人等等，如果那真的是你夢寐以求的人生，你會發現全身充滿動力且願意接受任何挑戰，來努力邁向屬於自己夢想的一千萬。

● 想出行動力

首先，找個安靜舒適的地方，也許是海邊也許是山上，讓自己沉靜下來，回想自己剛長大的時候，自己內心深處想要的夢想，如果是一台跑車，那麼趕緊用手機上網找一張跑車的照片，如果是想要到北歐旅遊，就趕緊下載北歐的景點照片，把這張照片放在你的手機桌面上，之後你每天都會看到屬於你自己的夢想，這個夢想就會開始在你心中燃起小小的火苗了。

如果夢想在你的心中燃起的火苗，慢慢越燒越大的話，你就會發現你就充滿動力做你以前不願意做的事情，你會在清晨五點一睜眼就從床上跳起來，然後開始早起的人生；你在每個週末的下午，會開始閱讀相關的專業書籍；即使你在吃飯的時候或是洗澡的時候，都會想著要怎麼達成你的夢想，你以前所認為的犧牲，現在都會充滿動力的做下去了！

當你可以脫離金錢的壓力後，你就會開始想要實現小時候的夢想，也許是買一台重機環島旅遊；也許是搬到日本的深山住個一年，短期的夢想達到之後，你必須還要有長期的夢想，一直有夢想，才可以讓心中的火焰繼續燃燒下去，人生就是不斷地讓夢想燃燒生命，才是我們活著的意義。

擁有一千萬看似是艱難的目標，其實要反過來想，擁有一千萬的自己，正在做什麼呢？可能經營一間咖啡店、民宿、成立工作室等，此刻，正是為了實踐擁有一千萬時刻的自己，才會擁有一千萬。「實踐夢想」本身其實就有一千萬的價值。

幫助你敢「想」的操作守則：

- 如果你有一千萬，那麼你想要做什麼？
- 你願意為一千萬做什麼犧牲？（EX.十年內不能跟朋友去喝下午茶）
- 生命中有什麼夢想，是在有一千萬之後，你還願意繼續執行？（EX.開咖啡廳、民宿、成立工作室等）

記住，當你在實踐夢想時，「實踐夢想」本身其實就有一千萬的價值。

「想要」就是一種力量！

許多人可能認為要富有必須要「千辛萬苦」才能達到，事實正好相反，我們只要靠念力就可以讓自己富有，這樣聽起來是不是簡單很多，而且這樣的念力是每個人與生俱來的能力，也就是說我們基本上可以得到想要的許多事物，只要我們「真正的想要」，就會發出一種念力，這個念力會幫助我們得到想要的事物，而且使用念力時幾乎不用任何勞力跟腦力，所以假設我們使用念力往富裕之路邁進，是絕對不需千辛萬苦的。

●喚回與生俱來的念力

「念力」雖然是與生俱來，但隨著年紀增長，這個能力卻是越來越弱，以致於現在大多人都已經不會使用「念力」來得到想要的事物了。請回想一下，在我們小時候，我們是沒有能力靠自己的勞力跟腦力來獲得金錢購買想要的事物，可是由於我們「夠想要」某些東西，因此「念力」會讓我們增加許多能力來達到目的，譬如一個五歲小孩進入便利商店，看到喜歡的東西時，他會先開口跟爸媽說我要這個，如果爸媽不買的話，你會發現小孩開始使出渾身解數來得到他要的東西，不是大哭大叫，就是賴在地上不走，直到爸媽臣服才會停止，當然有些小孩會得到爸媽的教訓，因此這個「念力」就會開始受挫。

在成長過程中，「念力」的能力都會持續受到挫折，等到長大之後，開始就不敢想要這個、想要那個了。這是因為從小到大受到的創傷影響，所以你可以看到有些人由於小時候創傷不多，因此勇於追求自己的夢想，想要創業就創業，不怕受到創業失敗的挫敗，想要創業就努力打拚，不會受到被拒絕的挫折，所以這些人最後都可以邁向屬於自己的「富裕之路」，是因為這些人都還能夠使用念力來追求自己想要的事物。

由於不是每個人都可以很健康的成長，因此我們從小到大的挫折跟創傷就會影響我們的「念力」，所以當我們想要創業時，可能創業失敗的挫折就會引發我們小時候的記憶，因為小時候的「錯誤學習」讓我們知道挫折是「不好」的，因此為了保護自己的幼小心靈，我們就不會允許自己去勇敢創業，這就是所謂的枷鎖，從小到大的心靈創傷形成了許多枷鎖，牢牢地鎖住我們的念力，因此讓我們無法使用念力來得到想要的事物，所以只敢羨慕別人的夢想，而沒有勇氣去追尋屬於自己的天空。

想要知道如何喚醒自己與生俱來的念力，再一次回想初來到人世間的目的，就是盡情地發揮自己的熱情來達到想要的夢想，這是我們達到「富有」的重要關鍵，也是第一件要做的事情。帶領印度邁向獨立自主的甘地，他並沒有使用任何的力量或是腦力，是強大的念力讓他只靠絕食就讓英國政府退讓，如同大人們屈服於毫無力量的小孩一樣，因為「念力」才是主導輸贏的關鍵。

●念力的強弱決定你的人生

我們要很清楚知道一件事，就是無論擁有多強大的力量或是多聰明的腦袋，如果你的「念力」是軟弱的話，即使多麼努力也還是無法達到目標，你可能會抱怨自己生不逢時，或是流年不順、運氣不好，事實上都是念力造成的結果，所以即使我們力量微小或是不夠聰明，都不用替自己過度擔憂，因為只要你找回與生俱來的「念力」，就可以開始迎接想要的人生，以及達到你想要的任何夢想。

請你回想小時候，運用「念力」的任何場景，一定有很多畫面，是透過「念力」想要得到某些事物的時刻。讓自己先確認還記得擁有這樣的能力之後，就可以慢慢把這份埋在內心深處的強大力量給喚醒了。比方說先讓自己許下一個小小的願望，簡單一點，像是一杯星巴克的咖啡或是一塊美味的蛋糕，然後就在心中「想」就好，然後等看看念力怎麼幫你實現這個小小的願望，你可能會很驚訝剛好當天客戶來看你，順便買杯咖啡給你，或是老闆請大家吃下午茶，剛好就是你想要吃的那塊蛋糕。

利用小小的願望，增強自己對於念力的信心，當你發現你每次許下的小小願望都一一的實現時，你就會有信心許下大一點的願望，像是加10％或是享受一趟歐洲之旅，因為之前的小願望都一一實現，這個時候你就不會認為這個大一點的願望是無稽之談，而是有可能實現的，當某一天老闆把你叫進辦公室，稱讚你的績效不錯，並且要獎勵你給你加薪或是要送你一趟歐洲之旅時，你會驚訝不已，驚訝的並不是老闆怎麼人忽然變好了，而是你許下的願望真的實現了，當這個大一點的願望也一一實現時，你就會真正了解到念力的祕密了。

念力是每個人與生俱來的能力，卻因為成長過程中累積的「否定」而受挫，讓我們從「無限可能」走向「無能為力」，事實是，就像周星馳《食神》所傳達「人人都可以是食神」，只要重新喚起潛在體內的念力，運用它，強化它，一樣來得及決定你人生的任何可能！

幫助你增強念力的操作守則：

- 設定一個簡單的目標，寫下來，測試看看能不能完成？多久完成。
- 設定一個中期、長期的目標，並將這個目標相關的照片列印下來，放在每天看得見的地方，加強你的念力。
- 回想從小到大的「沒有得到」的經驗，寫下來，並安撫心中的自己，現在已經可以去掉枷鎖了！

去掉枷鎖，它們是阻礙你使用念力的原因，展開勇氣去追尋屬於自己的天空。

知易行難？改變思維才最難

人們總認為「知易行難」，也就是說「知道，不過很難做到」，這是人性的弱點，因為有些道理我們明明就懂，像是早睡早起、多吃蔬菜水果、多喝水等等等，雖然明知道要這樣做，卻無法貫徹，簡單的事情若能重複做上萬次，就是一件了不得的事情，所以這邊的行難指的是有毅力地持續做到的意思。另外國父孫中山先生提出了「知難行易」的道理，意思是如果我們陷在過去觀念的框架當中，沒有讓自己繼續吸收新知識的話，就會被時代給淘汰掉，就好像便利商店正興起時，如果有吸收到新知識的雜貨店，就可以輕鬆因應新的潮流，讓自己也轉型成為便利商店，所以這邊的知難指的是新知識的學習跟吸收。

● 有「想」才有「知」與「行」

無論是「知易行難」還是「知難行易」，重點都在讓自己改變，變得比過去更好的一種進化過程，所以事實上是想要改變的心態最難，我們明明知道早睡早起對身體好，我們卻「想」要和朋友熬夜唱歌玩樂或是忙公事忙到半夜，這是因為我們比較想要玩樂或打拚事業的結果，也是我們不「夠想」要健康所造成的結果，如果是經歷過大病痊癒的人，或是有親友因為不注重健康離開人世，相信你會變得比之前更「想」要健康，也因此你會自動開始養成早睡早起的習慣，因而就會變得更加健康了。另外一個雜貨店知難的例子，也是因為老闆很「想」要財富，因此願意改變，如果比較想要保持傳統的老闆就不會接收新的知識，所以一定是先「想」之後，才會去知跟行的，因此相對知跟行，「想」才是最難的一部分。

上一篇說過，只要我們夠「想」，就會有強大的念力幫助我們實現願望，不過問題就是我們怎麼控制自己的想法呢？當我們走進書店的時候，我們能夠挑選的種類其實有限，有些人只會挑選小說類的書籍，有些人則是只會挑選3C類相關的書籍，這是因為過去經驗所造成的結果，讓我們「想」要看小說或是看3C產品，所以假設一個習慣看小說的人要他走進書店後「想」去挑選一本3C類書籍的話，可以知道是難如登天的一件事情，除非這個人進入科技業工作，因為工作的關係必須學習相關的技能，生活中因而出現新的經驗改變了許多想法，才會開始想要購買3C書籍。總而言之，我們的想法取決於我們過去的生命經驗，基本上是不會無中生有的。

● 過去經驗決定富有的想法

我們腦中是否會冒出「想要有錢」的想法，是我們是否有富有的念力的關鍵，也是決定富裕的源頭，因此我們要常常檢視自己是否真的「想要富有」，也許我們都「想要富有」，不過由於我們過去的生命經驗，讓我們有比富有更想要的東西，譬如生長在爸媽都是老師或公務員的家庭中，就會覺得生活穩定比富有還重要，因此不會冒險嘗試富有的機會，如果小時候常常看到父親當業務很風光或是創業很成功，長大後自然不會甘願做只領乾薪的工作，也就是說我們現在的想法是取決於過去的人生經驗，換句話說，我們現在是否會「富有」，跟我們從小到大的經驗有密切關係。

想要「富有」很容易，幾乎人人都想要「富有」，不過真的全心全意想要「富有」的人少之又少，真的想要「富有」的人會接受常常要被拒絕的業務工作，也會接受公司的加班或是出差，更不要說利用假日上進修課程或是閱讀大量書籍了。因此當你在看電影的時候，你沒有那麼想要「富有」；當你在和朋友喝下午茶的時候，你沒有那麼想要「富有」；當你在家裡看電視、打電動的時候，你沒有那麼想要「富有」；因為當你在做這些和「富有」無關的事情時，有些人正在一步一步地往「富有」邁進，直到十年後，你就會看到這些人享受「富有」的人生，自己卻只能投以羨慕的眼光了。

● 逐夢踏實，念力也要一步一步來

念力雖然可以幫我們實現所有的願望，不過有幾個重點要知道，如果沒有注意到這幾個念力的法則的話，你會發現怎麼有些願望無法實現，而開始會對念力失去信心了，因此一定要確實地了解這些法則才好。

第一個，它是真正屬於自己的願望，而不是看別人有才想要的願望，因為那只是羨慕的東西，並不是你的熱情，當你擁有一個專屬自己的願望時，就比較容易實現，如果只是看別人在FB打卡吃美食或是去日本旅遊，你就想要和別人一樣，那並不是你真正想要的願望，因為下次你看到別人買一台跑車或房子時，你又會開始羨慕了，你無法達成其他人所擁有的東西，那些東西都是他們真正的願望，並不是你的，當你許下一個願望時，無論看到別人擁有哪些東西，你都不會改變你的願望時，那個願望就是你真正想要的願望，那麼就一定會實現的。

第二個，只想和自己有關的願望，有些人會許下一個願望，希望別人怎樣怎樣，像是希望同事可以每天準時到公司；或是希望朋友可以借掉抽菸的習慣，還是希望家人越來越健康，雖然都是你的好意，不過這是行不通的，因為每個人都有自己的人生，每個人也都有自己的功課要做，把自己的人生過好，就是最好的事情，所以要知道這個法則，你只能改變自己的生命，並無法改變別人的（但可以把這本書介紹給他，讓他自己改變人生）。

最後，就是要持續地使用念力，從日常生活中的小願望，像是想要吃到一塊草莓蛋糕，或是可以順利找到一個停車位，到中期的願望，像是今年可以到日本旅遊，或是買一台新車，都要持續地使用，念力才會有效力的，不然如果你直接許下一個最大的願望，像是希望蓋一間民宿，或是成立一間教育機構這樣的長期大願望，但並沒有許下小的和中的願望來練習，願望一下沒有實現，你慢慢就會失去信心，念力也會失去效力的。別忘了，念力也要一步一步來。

不論是「知」或是「行」，根本都要從「想」出發，所以從建立「富有」的想法開始，就是想要「富有」這樣念力的源頭，有了想法才有行動的可能。我們從小到大的生活經驗影響我們對人生的期待，出生在安穩家庭的小孩，日後追求的多數一樣是生活穩定。「富有」是需要冒險精神的，所以嘗試從「想」開始改變自身想法，才有改變人生期望值的可能。

幫助你使用念力的操作守則：

- 仔細去想，許下的願望真的是你想要的嗎？練習一層一層的回推，追溯這個「願望」的根源，避免羡慕別人而許下的願望。（EX.想要一台新車→舊車常常維修→家人也坐的不舒服……）
- 檢視自己的願望是不是想改變外在人事物？注意，改變自己的心比改變外在容易！

持續地使用念力，慢慢練習實現願望，念力也要一步一步來！

找回你的主控權吧

我們常常以為自己擁有身體的主控權，事實上我們是被我們的「念頭」給控制了，當我們走進便利商店時，潛意識就會從過去經驗比對出我們最愛的飲料，然後就會丟給我們一個念頭：「好想要喝汽水喔！」，而大部分我們都會按照這個念頭去行動，這個念頭會讓我們產生想法，而想法又會讓我們產生行動，所以我們的所作所為都是受到過去經驗的影響，而我們目前的人生狀態就是因我們所做所為而導致的，也就是說過去的經驗是因，現在的行為是果。一個很愛吃的人不是他天生就愛吃，而是他過去的經驗導致他經常會出現想吃的念頭，而他又沒有抵抗自己的念頭才會導致體重直線上升的結果。

如果我們要找回自己的主控權，可以透過以下三種方法：

一、和自己的念頭溝通

每當腦袋有一個念頭出現時，都要先檢視這個念頭是否對我們當下真的有益，如果我們的美好未來和當下的念頭無關時，就要和冒出來的念頭「溫柔」

地溝通，溫柔是非常重要的態度，因為前面已經說到每一個念頭都是過去的經驗所造成，也就是說那些念頭就像是過去的自己在跟你說話，因此若是你用厭惡或是負面的態度對他，你的內心一定會非常難受，因為你厭惡的正是自己，因為我們會有那些念頭一定是在過去有值得的經驗存在。

如果撞牆會痛而且我們也不愛的話，我們是不會冒出想要撞牆的念頭，除非當我們撞牆的時候可以達到某些目的，譬如爸媽因此就會買我們喜愛的東西給我們，這樣我們就會有一個經驗，就是當自己受苦的時候就會得到喜愛的東西，當我們長大和另一半吵架或是和主管不合時，我們腦中就會冒出要去受苦的念頭，這個受苦的念頭是要幫助我們得到喜愛的東西，不過那是在小時候有用，長大後已經不能再用這樣的方式，因此若我們用負面的態度對待這個念頭，也就是跟自己說：「為什麼我要虐待自己，我真是沒用的人！」這樣就會更加地打擊自己了，所以我們要溫柔地對自己的念頭說：「我知道你想要幫我更加快樂，很謝謝你的幫忙，不過我現在需要更好的方式來邁向美好的未來，我們可以一起努力嗎？」透過這樣的方式就能夠有效地轉變心中的念頭，也許一開始會覺得很怪異，不過你會發現能夠慢慢地找回自己的主控權了。

二、閱讀，是為了輸入富有體質需要的資訊

由於過去的經驗會造就現在的人生，如果我們想要改變未來的話，就要從今天開始慎重地輸入新的經驗，如果我們開始看一些保健的書籍，一年後就會開始冒出健康的念頭；如果我們開始看一些心靈成長的書籍，一年後就會開始冒出身心靈相關的念頭，所以我們如果希望未來可以更加地富有，就要多加閱讀理財相關的書籍，不過理財的書籍百百種，我們要先知道我們的未來藍圖是什麼，才能夠挑選正確的書籍來輸入，如果我們想要刺激的交易人生，就可以買一些短線交易的書籍，如果我們想要的是穩定的富有人生，就要先看看這些書是否符合未來的藍圖了。

不過既然是富有的人生，我們未來所擁有的一定不只是金錢，所以除了理財相關的書籍之外，其他的書籍也要能夠多少閱讀一些，這樣我們未來的可能性才會更加寬廣，若你能接觸咖啡相關的書籍，也許未來你會想要開一間咖啡店，如果你接觸到了美術相關的書籍，你可能會投入繪畫的相關領域，甚至開始以名人的畫作當作投資工具，因此不要替自己設限，才能夠達到更加富有的美好未來。

三、嘗試不同的角度體驗人生

如果我們想要快速改變目前的情況，就要傾聽自己的微小聲音，因為想要改變的念頭往往都是很輕微的，若我們能注意到這樣的小聲音並且慎重考慮的話，就會產生改變的行為，也許這個微小的聲音會要你去參加一場讀書會、去聽一場理財投資的講座或是去買一本投資理財的書籍，這個關鍵時刻若你能聽從這個小聲音，開始嘗試不同的一個下午，就會有不同的一天，慢慢地就會有個不同的一年，最後當然會有一個不同的人生了。

● **篩選好的、有益的資訊，改變自己的腦袋**

如果我們沒有輸入新的資訊，就像手機沒有安裝新的ＡＰＰ，或是裝了沒有更新一樣，是永遠不會有新的改變出現，所以我們要有夠多的資訊，才能夠有更多的可能性。比方說，有些人去便利商店永遠只買可樂，但如果他開始接收健康的資訊，那麼下次他再次走進便利商店時，腦中除了冒出喝可樂的想法，還可能冒出另一個新的想法：「果汁對身體很好，今天改喝果汁好了」，你的人生就開始出現改變，所以如果你沒有接收健康的知識，永遠都改不掉天天喝可樂的命運了。

那麼我們要接受哪些知識呢？當然是要跟自己目標相關的知識，如果你想要健康的身體，但是卻整天看美食報導，那麼你只會遠離健康而已，你必須接收和健康相關的知識才行。

所以當我們設定好自己真正想要的目標之後，就必須大量閱讀和目標相關的書籍，讓自己輸入大量的新知，來取代過去的經驗跟知識，再來就仔細聆聽內心的聲音，哪些聲音是因為過去的經驗而來？那些聲音就不用太過在意，如果聲音是從最近閱讀的書籍而來，那就表示這個聲音是要幫助你達到目標，要好好聆聽跟遵從。

和自己的念頭溝通、多閱讀不同類型的書籍、嘗試不同的人生，透過這三種方法找回自己的主控權。用心傾聽內心微小的聲音，正是這個小聲音引導你開啟不同的人生，或許你正因為這個小聲音現在正閱讀這本書，這就是上述三種方法的實踐證明。你看，正因此你已經走在富有之路的起點了！

幫助你找回的主控權的操作守則：

• 找出你許願當下，心中細微反對的聲音，記錄下來，溫柔的和它們說：「我可以達成」，請它們也協助你一起邁向美好的未來。

• 每天看一篇跟夢想相關的文章，或是每月為自己挑選一本跟夢想相關的書，仔細閱讀，加強念力。

• 開始輸入新知之後，關注自己內心的聲音，試著在平常習慣中，做出不一樣的選擇，記錄下來。

嘗試聽從內心聲音，開始嘗試過不同的一天、一月，慢慢地就會有不同的一年，最後會有一個不同的人生。

富有是種心態，不是結果！

邁向富有之路就好像爬山一樣，需要一段時間才能看到成果，如果你想要的是衣食無缺的富有，那可能只要一兩年的努力就能達到，如果你想要有車有房還要完成自己的夢想，你應該要了解這需要五年以上的時間才能做到。許多人往往看不到那麼遠的願景，只好屈就於眼前的誘惑，像是看電影或是喝下午茶，這樣的享受只要工作一個月就可以達到。許多人只好捨遠求近，就好像美國史丹佛大學的棉花糖實驗一樣，大多小孩都會急著把棉花糖吃掉，只有少數小孩可以看到忍住不吃棉花糖的獎賞，而這些小孩長大後往往都是比較成功的，因此若我們能夠把我們的「念力」從眼前的享受轉向美好的未來，幾年後就能夠享受更甜美的果實。

不過把眼光放遠每個人都有過，可以堅持到底的人少之又少，主要原因就如同爬峨嵋山一樣，雖然目標是為了登上峨嵋山頂，不過如果執著在一定要登頂才快樂的話，就會發現這些人在爬山的過程中都苦不堪言，這樣要登頂的機會也小很多，爬到一半就放棄的人多不勝數，即使可以熬過爬山痛苦而登頂的人，也不容易得到真正的快樂，因為山頂上的風景不值得他這麼痛苦地爬上來，這樣的人就是所謂的「不到峨嵋不看山」，只是為了達到目標而爬山，是不容易得到快樂的，真正可以快樂地爬上山頂的人，會一路享受爬山的過程，沿途會看到明媚的景色，也會聆聽一路美妙的鳥叫聲，還有呼吸滿滿的芬多精，在享受過程中往往一下子就爬上山頂了，這樣的態度就是「一路看山到峨嵋」，也就是說若我們能夠享受過程中的一切，會比較容易達到目標。

● 富有之路，是從點到線到面的路程

我們訂下一個目標，由於目標只是一個點，所以若要達到目標才快樂，快樂也就只剩下一個點了。如果能在過程中就快樂，這樣當我們達到目標時，快樂就會連成一條線，當我們回想這段努力的過程時，會得到莫大的滿足，這才是來到人生的目的之一，就像籃球之神麥可喬丹的成就是他努力多年而來的成果，他在高中時就熱愛籃球，一開始還因為身高不夠無法進入校隊，不過這樣的過程並沒有降低他對籃球的熱情，他更加努力地訓練自己，最後不但成功進入校隊，且一路表現優異，最後成為籃球之神。如果我們可以在努力的過程中，發現屬於自己的熱情，自然就會有向前的動力，會比較容易達到目標。

●人生的藍圖，從找到對的點開始，畫出線與面

如果我們真的想要富有，就要找到一條屬於自己的路，這條邁向富有之路是可以燃起自身的熱情，讓我們可以在過程中就獲得滿足。如果你喜歡交朋友，成為好的業務就是你的熱情；如果你喜歡做研究，研究如何投資可能是你的方向；如果你喜歡冒險犯難，創業可能就會是你的選項之一，無論你做了什麼選擇，都要愛你所選且在其中發揮熱情，你就會發現自己總是比別人還願意付出努力，因為你努力不是為了加班費，而是獲得滿足感。如果你是業務，你會享受和陌生人聊天的過程，不是因為成交才開心，是因為交朋友就開心；如果你是投資研究者，你會享受研究全球經濟變化的過程，不是因為賺錢才開心，是因為了解經濟脈動而開心；如果你是一位創業者，你會享受創業的過程，不是因為創業成功才開心，是因為可以獲得更多的創業經驗而開心，所以在我們設定好目標之後，更重要的是要挑選一條我們熱愛的道路，這樣才會有一路看山到峨嵋的滿足，且可以更輕鬆地達到目標。

目前這個社會，大多人被眼前的享受誘惑，以致於沒有遠大的目標，最後只能羨慕他人的成就，不然就是太過於目標導向，因此在追求富有的過程中，會覺得特別辛苦跟難受，這樣當然不會達到富有的目標，若我們可以調整好心

態，一方面把目標放遠，一方面享受追求目標的過程，那我們就會從當下就富有，因為富有也不是一個點而已，就如同峨嵋山不是只有山頂的部分才是峨嵋山，當你踏出第一步的時候，你就已經在峨嵋山裡面了，所以「富有」不是最後達到目標才是「富有」，當我們朝著「富有」邁開第一步的時候，就已經身在「富有」中了。

● 享受完成目標的過程

人生其實就只是過程而已，因為人生的結果就只有一個，就是回到老天爺的懷抱當中，因此並不需要太在意結果，要讓自己開始享受每一秒的過程，你爬山如果可以享受過程，那麼你會快樂一兩個小時，如果你只在意是否爬到山頂上，那麼你就只有在登頂的那幾分鐘會快樂而已，所以為何不讓自己享受過程呢？

就像你吃一頓美食，如果是限時三十分鐘要你吃完，還是讓你慢慢地和好朋友一邊聊天一邊享受美食，花個三小時才吃完，雖然結果都是吃飽，但我想你應該是想要後者吧！所以讓自己享受過程，遠遠比只在意結果還要美好的。

不過有時候我們邁向成功的過程並不會很輕鬆，這個時候就必須找一位自己嚮往的成功的人士，並且了解他的成功也是長期累積而來，然後讓自己朝著他的目標邁進，那你就會享受和成功人士一樣的過程，那麼自然就會感覺美好一些了。

另外如果自己訂下一個不錯的中期目標，譬如是買一台跑車或是一間漂亮的房子，那麼不妨現在就去看車跟看房子，讓未來的目標擺在眼前，這樣你就不會把錢拿去喝下午茶或是看電影，而會把所有心力都擺在未來的目標了。

富有不是一個結果，而是一種心態。透過了解自己建立正確的富有觀念，正確的觀念引導出正確的方向，這就是富有之路的起點，也就能用熱情的心往前邁進，一路上的任何過程都因正確的富有心態而能享受其中，進而畫出富有之路的路線，如此就能輕鬆鋪成富有的面，達成自我人生的富有。

幫助你眼光放遠的操作守則：

- 前面我們已經將短期、中期、長期的目標，現在開始，將你為目標做的每個努力、完成的感受，記錄下來，盡量讓喜悅跟感謝充滿心中。

若我們能夠享受過程中的一切，會比較容易達到目標。

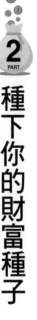

PART 2 種下你的財富種子

只要我們了解自己的財富定義是什麼的話，
我們最後就會挑到屬於自己的種子，
並且結出屬於自己的豐碩果實。

每個人都想要擁有財富，不過並不是擁有一千萬或是幾棟房子就可以稱作「擁有財富」。之前我在一個聚會上問朋友，請他定義什麼叫做「千萬富翁」，他這樣回答：「很簡單，銀行戶頭裡有一千萬的存款就叫做千萬富翁。」我問他，如果這位千萬富翁買了一輛車或是付了一間房子的頭期款，銀行戶頭存款不到一千萬時，是否就不算千萬富翁了呢？於是，他改口說：「如果一個人的資產合計是千萬的話，也叫做千萬富翁。」我又問他，如果這個人剛好一兩年都沒工作，把錢花掉一些，這時候總資產就不到一千萬，還可以叫做千萬富翁嗎？又或是一個人他的存款是九百九十九萬九千九百九十九元，離一千萬就只差一元，那麼也不算千萬富翁嗎？這個時候就看見我的朋友陷入沉思了……

●目標清楚才會走對富有之路

我們走進一間麵店，如果只跟老闆說想要來一碗麵，老闆一定會問：「要吃什麼麵呢？」如果你跟老闆說：我要湯麵，他還是會問你：「是陽春湯麵還是餛飩湯麵？」這個時候你如果跟他說：「我想要來碗好吃的麵。」你應該猜想得到結果不一定是你所要的，老闆不是無法煮出你要的麵，就是煮出來的麵不一定合你胃口。因此，我們得清楚知道要的是什麼東西，以及這個東西在我們的腦海中是否有夠清晰的畫面，這樣才有機會得到我們所要的東西。當我們對於想要追求的東西沒有清楚的畫面時，無論多麼努力都得不到我們所要的東西，就算是真的拼了命往前衝，最後會發現得到的東西並不是我們所要的。很多人追求財富的過程中失去了健康，最後才後悔自己沒有照顧好身體，或是在追求財富的過程中冷落了家人或好友，往往也是後悔不已。況且，如果我們對於自己努力的目標都不清楚，是很容易在努力的過程中失去鬥志的，如果你跟小孩說今天晚上乖乖把飯吃完，明天就可以帶他去公園玩一個下午，相信小孩就會有動力把晚餐給吃光光，如果你只是說晚餐有吃完的話，明天就會有好事發生，這樣的話對小孩的吸引力就會大大地降低，所以把我們想要追求的目標定義清楚，是很重要的一件事！

回到最初的問題，如果你的千萬富翁只是存款上的一千萬，那麼當你努力十幾二十年後看到銀行戶頭是一千零二十三萬時，得到的並不是滿足感，而是一種恐懼感，因為只要花掉二十四萬就不再是千萬富翁了，反而會更不敢花錢，生活過得就像是守財奴，並沒有想像中的自由自在，所以這邊提供一個比較好的定義：「千萬富翁就是無論破產幾次，只要讓他打拚個幾年，總資產就能超過千萬的一種能力」，這樣的千萬富翁相對就自由許多，縱使他的戶頭只有九百九十萬，還是敢一口氣投資超過九百萬在他的熱情上，不會擔心之後是否會有破產或是變窮的可能，金錢對他來說是一種邁向人生大道的交通工具，相對的金錢對於守財奴來說，只是一種心靈上的枷鎖。

●為自己量身訂做富有的目標

想要擁有財富，就要先定義財富的意義或畫面。如果只是要衣食無虞，你需要一份穩定的工作；如果衣食無虞之外還想要照顧親友，你需要一份收入很好的工作；如果你想朝夢想邁進的話，可能就會擁有一個很棒的事業。每個人的財富定義都是不同的，重點是只要我們可以把心中的財富定義清楚，很快地，我們就會開始大步邁向我們的財富，並且擁有屬於自己的理想人生。

● 訂定目標時，要比原來想達成的目的更高一點

在我們小的時候，我們可能想要當飛行員、廚師或是工程師等等，如果是想要實現的夢想，那麼可能是擁有一堆模型車、漂亮的衣服或是環遊世界等等，但是當我們出了社會之後，所有人的目標都只剩下金錢，這是因為出社會之後，房租要錢、吃飯要錢、坐車要錢或是買新衣服也要錢，我們的食衣住行每一樣都必須要花錢，在我們沒有滿足自己基本需求時，我們很難去想要自己的夢想，不過就想小時候念書考試一樣，如果你的目標只是及格就好，那麼你就會常常不及格，如果你的目標是考九十分，那麼你幾乎是永遠都會及格的，所以如果我們直接訂出我們的夢想，那麼我們當然就會滿足基本食衣住行的需求了。

所以我們不要一直想要一個及格的人生，這樣可能會常常不及格，也就是常常會因為食衣住行而煩惱，如果你的目標是要環遊世界，你會付出比現在還多好幾倍的努力，那麼最後你可能是去了七八個國家旅遊，雖然沒有完全地達

到目標，但你已經跳脫出為食衣住行煩惱得人生了。

我們的目標應該不是賺到一千萬然後一輩子不花，而且賺到可以完成我們夢想所需的財富，你的夢想又取決於你想要過怎樣的人生，所以好好地思考自己到底想要過什麼樣的生活，然後自然地你就會朝著你想要的生活開始打拚了。

「想要富有」，要先清楚富有的定義。千萬富翁不是帳面上的數字表現，而是一種能力，一種「無論破產幾次，只要讓他打拚個幾年，總資產就能超過千萬的能力」，這就是千萬富翁的定義。每個人對未來的規畫都不盡相同，因此要先清楚自己想要怎樣的富有人生，才能定下清楚的目標，並大步邁向自己的財富。

幫助你設定目標的操作守則：

• 回頭檢視訂下的目標，試著將夢想拉高一點、看遠一點，會更容易達成，將新的目標記錄下來吧！

注意，當我們對於想要追求的東西沒有清楚的畫面時，無論多麼努力都得不到我們所要的東西，

吃掉蘋果？還是種顆蘋果樹？

許多人在追求財富的過程中，最大的障礙就是都在追求「金錢」，明白一點的說就是在追求「鈔票」，所以在考量許多事情的時候，都是用金錢在考量，這樣往往導致相反的結果，更不幸的是還持續這樣子循環，讓自己陷入更加窮困的局面，為什麼會這樣子呢？

● 吃掉眼前的蘋果還是種下蘋果樹？

其實我們追求的金錢就如同蘋果樹上的蘋果，我們一直朝著蘋果看，並且想要摘下幾顆蘋果，最後發現摘下來的蘋果不是還沒熟無法下嚥，就是即使摘了很多蘋果，但是過幾天這些蘋果就都爛掉了，而真正富有的人會去看樹根的地方，雖然眼中所及一顆蘋果都沒有，但是他會去看土壤的品質以及周遭是否有雜草之類的環境情況，之後他就會找另一塊類似的環境和土壤，種下自己的種子，短期之內他只能看別人吃美味的蘋果，自己則必須繼續灌溉那顆種子，並且持續地施肥、去除雜草，不過在這樣的辛苦努力下，經過幾年的光陰之後，他就會擁有自己的蘋果樹，可以持續地結實纍纍，永遠都不擔心沒有蘋果吃了。

現在我們看到的許多擁有財富的人，過去都有辛苦的一段時期，那段時期他們可能領低薪辛苦工作並且每天加班，週末不是在家閱讀大量的書籍就是出去參加進修課程，那些時候他的朋友可能每天提早下班就去和朋友聚餐或唱歌，假日不是出國就是喝下午茶、看電影，當這些人持續在吃掉眼前的蘋果時，他在努力灌溉他的蘋果樹，所以幾年之後他才會擁有屬於自己的蘋果樹，享受悠閒富裕的人生。

如果我們考量事情，不只單看眼前的金錢（蘋果）來決定，而是思考一下未來是否會有更多的金錢流入（蘋果樹），這樣的話就會有不同的想法，也會做出不同的選擇，我們會開始更加注重是否有種下一顆好的種子，而不是得到一顆美味的蘋果，持續種下好的種子雖然不一定每一顆都會長成高大的蘋果樹，不過一直在吃眼前蘋果的人是一定會把蘋果吃光的，況且，只要種下的一堆種子中，有幾棵可以順利長成蘋果樹，我們就會擁有吃不完的蘋果了。

●從種小蘋果樹到大蘋果樹的財富之路

不過由於眼前的蘋果總是誘惑太大，許多人是禁不起誘惑的，往往蘋果樹還沒有長大，就開始把眼前的蘋果吃光，因而沒有繼續灌溉蘋果的種子，那麼種子當然會枯萎了，所以一開始可以先從小棵的蘋果樹開始種，小蘋果樹雖然結出的果實不多，但是只需要幾個月就能成長並且結出果實，對於剛開始種蘋果樹的人來說，是比較容易有信心的，等到種出幾棵小蘋果樹之後，再來努力種下大蘋果樹，這時由於已經可以靠小蘋果樹結出小蘋果，因此可以有多餘的氣力灌溉大蘋果樹，自然就可以慢慢地種出大蘋果樹。

同理可證，如果我們一出社會就訂下遠大的目標，那麼可能努力個二三年就會失去鬥志，或是被眼前的經濟問題給壓垮，最後就會放棄目標，而陷入追求金錢的惡性循環，我們可以先訂下幾年內就能達到的簡單目標，當這個目標達成後，就已經是衣食無虞的情況，此時再來追求遠大的目標，成功的機率當然就大大地增加了。

就實際情況來說，大蘋果樹可能是開一間會計事務所，小蘋果樹就是當一位稱職的會計師；如果大蘋果樹是開一間咖啡店，小蘋果樹就是當一位連鎖咖啡店店長；如果大蘋果樹是成為一位專職投資人，小蘋果樹就是先從小資金的穩定獲利開始。不過無論是大蘋果樹還是小蘋果樹，灌溉施肥以及去除雜草都是必要的工作，因此持續地充實自己並且認真在自己的崗位上工作就是最重要的一件事。

● 漸進式的延遲享樂，大蘋果樹就不遠了

如果你每天都可以犧牲一點享樂，比方說，不喝星巴克改喝便利商店的咖啡，一週之後就可以去享受一頓美味的下午茶，進而你就會開始思考，如果每天連便利商店的咖啡也不買，練習自己泡咖啡來喝，這樣的話一週之後你就可以去吃一頓美味的大餐了。

當你可以延遲每天的享樂，轉為每週的享樂時，那麼開始再跟自己說，如果每週的大餐改為簡單的小吃，這樣一個月後你就可以有一趟簡單的國內旅遊了。

再來你就會想如果連續六個月都不去旅遊，這樣也許你就可以換一個更遠的出國旅行了，慢慢從每天的延遲享樂，進步成為每週的延遲享樂，再進一步變成每個月的延遲享樂，你就會越想越大，並且越延遲越久了。

所以我們要訂下一個小蘋果樹的目標，如果你連續半年都沒有去喝下午

茶，半年後就可以讓自己去旅遊一次，用小的享樂換取大的享樂，用小蘋果換到蘋果樹，慢慢地你就會習慣訂下一個中期的目標，然後讓自己朝著這個目標邁進，那麼自然就不會在意眼前的享受了。

如果只看近利，享受當下的金錢與遊樂，就是吃掉蘋果的行為：如果延遲享樂的時機，將時間花在進修自己，就是種蘋果樹的行動，唯有用心種下財富的蘋果樹，才有享受悠閒富裕的人生的可能。一開始就想種大蘋果樹，相對壓力也大，從小蘋果樹開始收成，慢慢再種下大蘋果樹，循序漸進，成功的機率自然增加。

幫助你延遲享樂的操作守則：

- 試著想看看，你願意做什麼小的改變，來換取未來的快樂？將它們記錄下來，持續鼓勵自己做到！（比方說，把每天買一杯咖啡戒掉，將錢存起來；或是將看韓劇、漫畫的時間用來發展第二專長；每個月存一點點錢起來投資、定存……等等。）

不需要一口氣改變，比方說，如果不能一口氣戒掉每天買咖啡，可以改成兩天買一次、三天買一次、五天買一次，漸進式的建立習慣，也可以將「買咖啡」這個行為，當做犒賞自己的小獎勵。

財富之樹怎麼種最快！

如果我們去追求財富，就會容易疲累不堪，如果我們想要永續的財富，就如同要吃蘋果要種蘋果樹一樣，我們也要種下自己的財富之樹。不過許多人在種財富之樹的時候，都心急如焚，想要趕緊讓這棵財富之樹長大，往往犯了揠苗助長的大錯，最後好不容易種下的財富之樹都夭折或枯萎，因而賠了夫人又折兵，反而是那些不疾不徐的人，可以讓這棵財富之樹長得又大又好，所以要讓財富之樹長大最快的方式只有一種，就是「慢慢種」。

● 追求財富沒有捷徑，只有慢慢來

小時候，如果立志成為一流的鋼琴家，我們會願意天天學鋼琴，並且持之以恆地練習鋼琴超過十年，這樣才有一點小成就，想要進入演奏廳表演的話可能要花上二十年的光陰；如果小時候想要當個一流的醫生，我們會努力念書考進大學念醫科，經過七年後畢業進入醫院當實習醫生，再經過個五到十年就會是一位人人稱頌的良醫；如果想要成為一位優秀的汽車技師，畢業後就要進工

廠從黑手開始學習，經過五到十年後就會是很棒的技師。以往無論是做什麼事情，我們都會願意花一段時間讓自己慢慢成長，最後才成為一位優秀的演奏家、醫生跟技師。如果有人跟你說只要跟他學鋼琴，一年後就可以上台演奏，你不會相信；如果有人跟你說只要跟他學醫術，一年後你就可以開業當名醫，你也不會相信；如果有跟你說只要跟他學一年修車，就可以成為獨當一面的技師，你還是不會相信，那為什麼許多人總是想要在一年內，學會讓財富永續成長的能力呢？

當我們種下財富之樹的種子時，千萬不要著急地想要看到果實出現，所有的農夫都知道在春天播的種要秋天才會收割，所以一整個夏天農夫都會安心地灌溉跟施肥，等到秋天來臨時才會有滿滿的果實。如果你想要幾天後就收割的農作物，你只會得到綠豆芽，如果你願意等待六年才收割的話，那麼你可以得到高麗的人蔘，所以如果我們種下的種子太快結出果實，不要太過開心，因為可能只是綠豆芽而已，如果我們種下的種子遲遲不結果實也不用擔心，因為最後可能會是價值不斐的人蔘。有些人喜歡短期收割的種子，因為他的耐心不足，那麼一季到半年就能收割的種子適合他，如果有人的耐心非常足夠，那麼他可以挑選五年以上才能收割的種子，他會有很大的收穫，只要我們了解自己的財富定義是什麼的話，我們最後就會挑到屬於自己的種子，並且結出屬於自己的豐碩果實。

● 唯有經過長期的努力才能擁有自己的蘋果樹

我們看到許多一夜致富的例子，因此忽略兩個事實：首先，大部分富裕的人都是經過一段時間的努力後才有當前的成果，只是這些努力才成功的報導往往會被媒體給忽略，因為大家都喜歡不勞而獲的事情；再來，雖然有些人因為「機運」的關係短期獲得財富，不過如果之後沒有把大量的努力給補上的話，往往這些財富都會稍縱即逝。因此，我們可以經常看到許多人短期致富的報導，但是這些人的後續結果都不會有人跟你說。事實上，可以排進百大富豪的人大多都是經過長期努力才有這樣的結果，而且大多是屹立不搖的，因為這些人都有屬於自己的財富之樹，所以他們永遠都會有取之不竭的蘋果；而那些短期致富的人只是剛好獲取很多蘋果而已，因此吃完那些蘋果就沒有了，所以我們要知道一件事，沒有經過長期的努力是不會擁有自己的蘋果樹。

為了讓我們可以增加種蘋果樹的耐心，我們要盡量找出那些有蘋果樹的主人，然後向他們學習，以投資界的領域來說，華倫巴菲特是全球投資界的首富，他就是長期經營財富之樹才有現在的結果，我們可以看到許多人靠投資短期賺到很多錢，但是十幾年來就是沒有人可以像華倫巴菲特擁有這樣的財富，這就是擁有財富之樹和只是擁有一堆蘋果的最大差別。

●學會耐心累積、一步一腳印走到目標

想想你自己所擁有的能力或專長，都是花了不少的時間所累積而來，你所學的專業可能花個十幾年的成果，或是你擅長的運動，像是籃球或網球，也是經過長時間練習之後才有的結果，再想想媽媽所煮的飯菜為何會那麼好吃？那是因為媽媽們下廚已經超過一二十年了，這個就是所謂的「火候」。

有一句話是說：「天才是百分之一的靈感加上百分之九十九的努力」，所以你所看到的所有偉大成就，都是經過長時間的努力而來的，所以絕對不要太過著急，我們眼光可以放遠放大，但是腳步一定要踏穩，這樣一步一腳印的走下去，最後一定是會走到我們的目標的。

你身邊所有的專業人士也是這樣，甚至連路邊的攤販，如果是一間老店，你都會發現水準就和新開的店有所差別，這就是時間的魔力，想要在一項專長有所成就，那麼一定要給自己一段時間好好地努力的。

追求財富最怕操之過急，讓財富之樹長大的最快方式就是「慢慢種」。演奏家、醫生跟技師等都需要經過長時間的努力才能獨當一面，而花時間學會一技之長，也是學會讓財富永續成長的能力。因此，我們要先了解自己財富的定義，找到適合自己才能的領域，也才會挑到屬於自己的種子，結出屬於自己的豐碩果實。憑藉「機運」短期獲得的財富，是一堆蘋果而非蘋果樹。事實是，百大富豪中多是長期經營財富之樹才有的結果。

幫助你長期努力的操作守則：

- 達成夢想需要長時間努力，為自己訂下每周目標、每月目標、每年目標、三年目標、五年目標等等，常常去檢視，隨著時間推進，目標也可能改變，依照自己的狀態隨時調整夢想，並將它們記錄下來，那就是你成長的足跡！

我們要知道一件事，沒有經過長期的努力是不會擁有自己的蘋果樹。

在哪種下錢脈之樹？

如果我們想要有一棵甚至幾十棵的財富之樹，就要種下財富之樹的種子，不過我們要在哪裡種下種子呢？再笨的農夫也不會在石頭堆裡面或是水泥地上種下種子，因為那個地方無法讓種子發芽，他必須要找到一塊土壤來種下他的種子，這樣種子才有機會發芽跟茁壯，所以如果我們想要種下財富的種子，就要知道土壤在哪裡。試想一下，如果我們身處撒哈拉沙漠，要怎樣才能成功？你可以跟沙子做些什麼事情成功嗎？可以跟仙人掌或是禿鷹做些什麼事情成功嗎？都不可能！我們無法在沒有人煙的地方成功，所有的成功都是要靠一個最重要的因子才會成功，那就是「人」，所以我們的土壤就是所遇到的每一個人，這些人就是我們的土壤，就是我們要種下財富種子的地方。

●日常的小幫助就是財富的種子

在土壤中要種下什麼種子呢？你不會認為在土壤中放幾顆石頭就會長成大樹，也不會認為在土壤中放幾張紙就會長成大樹，你知道放進土壤中的種子才會長成大樹，因為種子會發芽跟茁壯，所以我們要在我們的土壤（人）中，放進會發芽跟茁壯的東西，那麼才有機會長成我們的財富之樹，假設你今天碰到一位同學或同事，你跟他起了爭執或其他不好的事情，這個爭執就會長成貧困之樹，所以首先我們要知道不能夠跟任何一個人有不愉快的交流，因為可能會種下不好的種子，如果你今天只是跟朋友或同事去唱唱歌或烤烤肉，那麼只是放進一些石頭跟紙張而已，因為這些交流不會對你的朋友或同事有任何意義或影響，假設你的打字速度非常快，你發現同事需要快速打完一篇文章，這時如果你能夠伸出援手，那麼他就會對你產生一份感激，這份感激就會在他的心中種下一顆好的種子，未來哪天當你需要他的幫助時，他同樣地也會鼎力相助，不過假設你的同事本來就會打字或是他的報告不會很急，那麼你即使幫他打字，他也不一定會對你有所感激，所以雖然你同樣幫你的同事打了五千字的報告，但是產生的「價值」卻大大地不同，重點不在於你做了多少事情，而是你做這些事情對你周遭的人所產生的價值，這些價值就是財富之樹的種子，簡單來說，你能夠在其他人的身上創造多少價值，這就是你的財富種子。

像是微軟的創辦人比爾蓋茲，就是因為讓全球無數的人都可以透過滑鼠輕鬆地使用電腦來做許多文書處理的事務，創造了大量的價值，因此成為美國首富；而賈伯斯也讓全球的人可以透過觸控手機做大量的智慧功能，也創造了很多的價值。你可以看到大多數富有的人都是因為創造大量價值的關係，才會有現在的財富，雖然我們不一定可以創造像比爾蓋茲或是賈伯斯這樣的價值，但是我們可以珍惜每一次與人接觸的機會，試著在他們身上創造一些價值，也許只是一個微笑，或是舉手之勞的事情，只要我們養成習慣，慢慢地就會積少成多了，而且天生我才必有用，我們都有屬於自己的專長或能力，只要透過上天賜給我們的禮物來造福周遭的人群，就能夠創造出最大的價值。如果你是喜歡繪畫的人，就透過繪畫讓大多人感到快樂或療癒就是你能創造的價值；如果你是喜歡做菜的人，怎麼透過你的料理帶給許多人幸福的餐點以及健康的飲食，就是你能創造的價值，所以不用去擔心你是否擁有財富，只要努力地種下你的種子就可以了。

不過要注意一件很重要的事，雖然我們碰到每一個人都要努力在他身上創造價值，不過如果是不好的土壤，也就是種子種下之後不容易發芽的土壤，那就不要在那塊土壤上花太多時間，如果你碰到的人也是願意付出的人，那麼他就是一塊非常好的土壤，值得你種下許多種子，如果你碰到的是非常自私的人，這時候你種下的財富種子可能就無法發芽了，不過也千萬不要跟這些人交惡，因為雖然這塊土壤無法長出財富之樹，卻會長出貧困之樹的，所以如果我們跟自私的人交惡的話，這些人就是我們未來成功的阻力了。

● 財富伴隨著分享來到

怎麼創造出大量的價值就是邁向財富的關鍵？如果你是一名廚師，那麼你就算一天十六個小時都在廚房裡料理，一年三百六十五天都不休息，你能夠創造的價值也是有限的，如果你能夠使用一個技巧，就可以將你的價值以數倍的方式來成長，並且快速的讓財富之樹長大，這個技巧就是「分享」。你如果願意將你的料理心得寫成幾本書來出版，那麼就可以快速地創造許多人的價值，如果你願意分享你的料理心得在網路上，也會快速地創造大量的價值，或是你無私地把你的料理技巧傳授給你的學徒，幫助他們快速地成為獨當一面的廚師，那麼你就成為一位廚師顧問，當然你就可以創造出更多的價值了，所以怎麼透過現代社會的各種資源，創造出最大的價值，就是我們要努力的方向。

● 讓接觸到的每個人，都成為你的貴人

所有成就大事的成功人士，都是在接觸許多人之後才成功的，幾乎沒有人

可以在不接觸其他人的情況下而獲得成功，一般人在工作或日常生活中也會接觸到很多人，每一次的接觸都是一個「緣」，這個緣份可以是好的結果，也可能是不好的結果，你會發現成功的人都會讓每次所接觸的緣份變成是一個好的結果，這個就是所謂的「廣結善緣」，聽起來很簡單，但是卻並不是每個人都能做到，我們往往會和同事吵架，和客戶有糾紛，或是和幾個朋友相處的不愉快，這些就會變成所謂的惡緣，就會是我們成功路上的巨大絆腳石，當然你會說有些人就是不好相處，那我們不一定要讓這個緣變成善緣，但是絕對不要讓這個緣變成惡緣，我們所要做的只要遠離這些人就可以了。

另外，我們還可以利用自己的專長或強項，去幫助所需要的人，讓自己主動去創造善緣，在這個網路發達的時代，若能夠利用網路來讓自己的專長可以幫助更多的人，那麼就會創造出更多的價值，很多網紅雖然只做些讓大家開心的影片，但卻可以讓苦悶的人可以得到慰藉，的確是創造了很大的價值，所以他們才會因此而富有的，所以試著讓自己的能力發揮到最大的極限吧！

人脈就是錢脈，生活中幫助他人，降下即時雨，就是撒下財富的種子，能夠在其他人的身上創造多少價值，也是自己的財富價值。即使無法種下財富之樹，也避免與人交惡，以防長出貧困之樹，成為成功的阻力。快速讓財富之樹長大的技巧就是「分享」，透過分享可以創造大量的價值，這些價值就是財富。我們所要努力的就是透過現代社會的各種資源分享自己，創造出自己最大的價值。

幫助你廣結善緣的操作守則：

- 想想你有哪些專長？試著將你的專長（分享書評、電影心得、手沖咖啡、寵物美容、運動技巧、做飯等等）分享在社群軟體上，可能會得到不同的反饋喔！
- 設定一個目標：每天幫助一個人，或是每天感謝一個人。試著對別人伸出援手，也對幫助你的人表達感謝，善良的念力會得到擴散，將你的感受記錄下來！

我們的土壤就是所遇到的每一個人，就是我們要種下財富種子的地方。

如何幫助錢源之樹成長？

當我們種下財富之樹以後，再來持續地澆水灌溉就是唯一能做的事情，如果財富之樹在發芽的時候缺乏水的灌溉，那就算有再好的種子都無法繼續成長，財富之樹開始成長之後，我們還是得繼續提供好的肥料，否則雖然提供了水的灌溉，卻在樹旁丟了一堆垃圾，這棵樹還是會走向枯萎的命運，所以我們如果希望這顆財富的種子長成大樹，定時澆水以及提供好的肥料是非常重要的。

● 語言就是財富之樹的水源

那什麼是財富之樹的水呢？當我們和善地對待周遭的同事及朋友，或是用我們的才能創造出社會價值後，就是開始種下財富的種子，這顆種子會在我們的心中發芽，這時候就要開始留意我們自己的語言，因為我們說出來的話語就是財富之樹的水源，如果我們在日常生活中都盡量說出正面的話語，就等於是提供了財富之樹源源不絕的水源，財富之樹就會順利發芽且成長。相反地，雖然我們用自己的能力幫助了別人，卻口出不雅或是負面的言語，這顆財富之樹的種子是無法發芽的。我們要謹記在心的一件事就是，言語是我們財富之樹的水源，讓自己永遠不要口出惡言，進一步可以盡量說出正面的言語，財富之樹才會開始發芽成長。

●我們的行為舉動是財富之樹的肥料

當財富之樹長大之後，到底會結出甜美芬芳的果實還是苦澀不堪的果實，就看我們提供什麼樣的肥料給這棵財富之樹，我們的行為也就是我們的一舉一動就是這棵財富之樹的肥料，如果我們有不好的行為，譬如隨地丟垃圾或是給客人偷工減料的商品時，這棵財富之樹就會得到很差的肥料，等到哪天你要摘下這棵財富之樹的果實時，會發現味道是苦澀不堪入口的，就像許多商家原本生意興隆，老闆卻開始偷工減料，不是添加不該加的化合物就是使用便宜品質差的原料，等到某一天被人檢舉上新聞的時候，生意就會一落千丈，原本的財富之樹就會掉下許多苦澀的果實，這時候才開始後悔，想要重來就太慢了，因為原本這棵財富之樹已經被你毒化了，到這個時候無論是降價還是買一送一都無法讓生意回春。

若你日常生活的行為舉止都是對人有益的，你就是在對這棵財富之樹提供好的肥料，過一段時間後，你會發現當你需要幫助的時候，總是會遇到貴人或是有朋友伸出援手，這就是財富之樹的甜美果實，請了解一個真實不變的道理，當你在做一些好的行為時，譬如幫同事一起加班讓同事可以早點回家看小孩，或是替朋友介紹一個很棒的客戶讓他的業績大幅成長，這些都是在替自己的財富之樹灌溉好的營養，你未來的甜美果實會由財富之樹提供，而不是你的同事或朋友來提供，也就是說當你無私地幫助同事或朋友之後，你心中的財富之樹就會長出甜美的果實，當你找尋下一份工作的時候，可能是你的長官幫你引薦一份年薪百萬的工作，這時你可能會覺得是自己運氣好或是個人的能力優秀產生這樣的結果，只要你持續做對有其他人有益的行為，你就會發現人生會越來越順遂，這絕對不是運氣好或是命好的關係，而是你對財富之樹提供好肥料的結果。你如果看看周遭成功的人士，絕大多數的人都在做類似的事情，只是有些人是自然而然就做出這些好的行為，有些人則是知道這個祕密之後，才開始實行，無論是有意無意，只要對財富之樹提供好的肥料，那麼一定可以長出甜美的果實，現在你已經知道了這個事實，就等你好好去驗證一番了。

●只說好話，不好的言語說出口前繞舌頭七圈

我們的念頭是來自於過去的經驗，我們可能習慣出口就是負面的語言，這是因為在說話之前，內心深處的念頭所造成的結果，但是如果我們可以在不好的念頭出來之後，忍住不要將這個不好的念頭變成語言，那麼慢慢這樣的念頭之後就不太會出現了。

譬如我們在路上看到一台非常漂亮的跑車或是有人拿了一顆價值八十萬的柏金包，我們內心就會浮現一個念頭：「有錢有什麼了不起，說不定他的婚姻生活一點都不幸福。」這個念頭主要是要讓我們平衡一點心中不滿的情緒，但這並不是好的念頭，所以這樣的念頭出現之後我們就不要說出來，慢慢地下次這個念頭就不會出現，取而代之的就會是比較正面的想法：「能夠擁有跑車或是一顆柏金包，表示這個人一定曾經非常努力的打拚過，才能得到自己的夢想生活！」那麼這樣的想法就可以說出來，語言是強化念頭的工具，我們要盡量強化好的念頭（說出來），而要弱化不好的念頭（忍住不說），再學會轉念，慢慢地我們的念頭就會越來越好，說出來的慢慢就會都變成是正向的語言。

語言有很大的力量，因此永遠都讓自己說好聽的話，並不是要你說謊，而是要說出好的部分，壞的部分則委婉的說，沒有必要就完全不要說，另外隨時

注意自己的行為，到底是對週遭的人有幫助，還是已經造成別人的困擾，如果我們常常說出讓別人開心的話，也經常做出讓別人感謝的行為，我們的錢源之樹一定可以越長越快的！

當種下財富之樹，如果沒有澆水、施肥也無法成長，而語言就是財富之樹的水源，日常的行為舉止就是財富之樹的肥料。日常生活要口出好話，少出惡言，讓他人聽到我們的言語能如沐春風，而非心生不滿，語言的力量自然如水一般肆流，有正向的言語自然有端正的行為，做正確的事情，做對人有益的事情，就是為財富之樹提供了最好的肥料，如此怎能不長出甜美的果實呢！

幫助你錢源之樹成長的操作守則：

- 觀察自己的念頭，面對哪些事情容易產生酸葡萄心理、負面思考？記錄下來。仔細探究為什麼自己會這樣想？（因為自己得不到，就覺得別人也不應該得到？或有錢人是因為他們有個富爸爸？）
- 試著去思考，這些讓你負面思考的人事物，尋找它們的亮點跟優點，記錄下來，幫助自己轉念。
- 練習看看，當你想說出沮喪、抱怨、負面的話時，舌頭在口中繞七圈，讓心平靜下來再說，將成果記錄下來。（即便生氣了，也沒有關係，試著觀察看看生氣的時間有沒有縮短、強度有沒有減輕，這也是進步！）

我們要謹記在心的一件事就是，言語是我們財富之樹的水源，讓自己永遠不要口出惡言，進一步可以盡量說出正面的言語，財富之樹才會開始發芽成長。

怎麼幫錢根之樹施肥？

當我們種下了財富之樹的種子，再來替這顆種子澆水讓它發芽茁壯，之後提供豐碩的肥料，在正常的情況下，經過一段時間，這棵財富之樹就會長出甜美的果實，不過那是指在正常的情況下，也就是說要有正常的日曬跟新鮮的空氣，這棵財富之樹才會順利長大，如果這棵樹被岩石擋住照不到太陽，或是生長在空氣品質很差的地方，可想而知這棵樹是不容易長大的，更不用說結出甜美的果實了。

● 財富之樹依賴太陽，我們邁向財富也依賴家庭

太陽就是這棵樹的重要依靠，而我們的依靠就是家人，爸爸媽媽是我們小時候及年輕時的依靠，讓我們可以安心學習以及成長；等我們長大之後，兄弟姊妹等親友就是我們的依靠，讓我們可以相互交流以及互相援助；等到我們年紀老邁，兒女就是我們的依靠，幫助我們享有安穩的生活，因此無論如何都不能失去這樣的依靠，我們不能因為要種下財富之樹的種子，就失去太陽，因為

沒有太陽的話種子會無法發芽，我們不能因為要提供財富之樹水源跟肥料，就失去太陽，因為沒有太陽的話財富之樹就無法成長，家庭是讓我們邁向財富的重大關鍵，所以怎麼樣讓我們可以擁有穩固和諧的家庭關係，是首要努力的。

小時候，我們無法決定家庭的情況，是爸爸媽媽以及親戚們決定的，所以不一定長年都好天氣的狀態，有時候可能烏雲密布，看不到一丁點太陽，有時候可能颳風下雨，讓我們搖晃不已，甚至有時候還會打雷閃電，讓我們遍體鱗傷，如果小時候有以上的情況，那麼長大後就不容易種出好的財富之樹，因此我們必須先完全接納過去，因為那不是我們決定的，我們是可以決定另一個美好的未來的，當我們可以從抗拒過去轉為接受過去，慢慢地我們就可以從過去找到許多珍貴的禮物，當烏雲密布的時候我們會知道怎麼尋找陽光，當刮風下雨的時候我們知道怎麼搖晃才不會折斷樹枝，甚至打雷閃電的時候我們可以知道如何避開危險，這對我們的美好未來都是有很大的幫助，所以接受原生家庭的一切就是重要的第一步。

當我們可以接受原生家庭的一切時，才能組成自己的家庭，這時我們就可以用最正面關懷的態度，來維持這個家庭的和諧跟幸福，要知道一件事，雖然看起來家庭之中只有兩個人，這卻是兩個原生家庭的合併，除非夫妻二人都已經完全接受原生家庭的一切，這個新生的家庭才會穩定跟和諧，否則就會有許多要磨合的地方，因此我們必須先接受自己的原生家庭後，再來幫助另一半接受他的原生家庭，之後兩人才能找出人生共同的方向，攜手邁向嶄新的人生。

最後，當我們有了小孩，我們的責任就是給孩子一個穩固和諧的家庭，我們若能把夫妻雙方原生家庭給的功課都解決，我們的小孩自然就可以擁有一個美好的家庭，小孩如果可以在這樣的環境成長，那麼未來他內心的財富之樹就可以長得又快又大，當然也會結出纍纍的甜美果實，這樣我們的財富之樹就不只是幾棵而已，而是可以擁有一整片的財富之樹果園了。

上面幾段簡單來說，就是我們在追求財富的過程中，家庭關係是要擺在第一的，也許你認為自己是為了家庭在追求財富，實際卻是拿家庭來換取財富，到最後往往會兩面落空，且是一無所有，因此我們要知道財富是要去追求，而不是拿我們的太陽來換取。

● 財富之樹成長需要空氣，如同我們追求財富需要健康

另外一個重要的因素，「空氣」就是我們的健康，我們既然不能拿家庭來換取財富，如果要你拿健康來換取財富，要你割掉一顆腎臟以及切掉一部分肝

臟來換錢，你應該是不願意的，請留意一下自己在追求財富的過程中，是否經常熬夜或是喝酒，用一些傷害健康的方式換取金錢呢？當我們呱呱落地來到人世間，擁有的就是完整的健康狀態，如果我們的金錢存摺成長中，健康存摺卻一直下滑的話，那麼我們整體的財富還是沒有增加，甚至有人犧牲了健康之後還得不到金錢，那麼財富就是往下掉的，所以追求金錢的過程中，要能夠讓健康存摺不要耗損太多，才是真的讓財富增加。

我們要先把原生家庭的功課做好，接受原生家庭的一切後，再來處理夫妻原生家庭的功課，當家庭的基礎穩固之後（擁有太陽），就可以開始出外打拚事業，無論何時何地，待人處事都與人為善，讓自己的能力可以在社會上發揮最大的價值（種下種子），再來就是時時刻刻留意自己的語言，可以多說好話（擁有水源），並且留意自己的種種行為，讓自己的行為都能夠對他人有益（擁有肥料），最後在這樣的過程中還要維持自己的健康（擁有空氣），你會發現不用多久，財富之樹就會長得又高又壯，甜美的果實也會持續地豐收了。

● 將家庭與健康都算進成本當中

很多人為了事業經常熬夜，或是需要常常喝酒應酬，你要了解這樣的行為就是拿健康去換取金錢，就如同要你去賣腎一樣，你應該不會想要這樣子做。但健康並不會因為一兩次的熬夜，或是喝個幾次酒就出現問題，所以我們往往會忽略熬夜或喝酒對健康的影響，或是忘記工作壓力太大、情緒太差，也會對健康造成影響，雖然它們經過長時間才會慢慢浮上檯面，這樣還是划不來。

如果我要你花十萬元的成本來進貨，最後貨品只能賣出五萬元，你一定會肯定這是門「賠本」的生意，你是絕對不會這樣子做，要注意我們的成本並不只是金錢而已，如果要你坐在椅子上五個小時，然後給你十元新台幣，雖然不太會累，但你也不會答應，因為你的時間成本並沒有那麼低，所以我們在打拚事業的時候，無論是金錢成本或時間成本，我們都會考量進去，那為什麼不把健康也當作是你的成本呢？

另外，我們出外打拚事業，無非是為了給自己的家人過好生活，不過有時候還沒達到目標，就已經和家人因為工作而整天爭吵。反過來問，如果要你大罵你的小孩或父母，然後給你十元新台幣，你鐵定不會答應的，那麼你到底為了多少錢願意犧牲你的家庭？你一定會說怎麼樣都不可以犧牲家庭！

所以，我們要隨時把家庭和健康擺在第一，如果要犧牲家庭或健康才能換取的財富，那麼就要好好地思考到底是否值得，當然並不是要大家都不加班，每天都回家陪家人，而是要先照顧到家人的心情，和家人溝通好再加班，如同先把健康照顧好再工作一樣，要同時照顧到才行。

財富之樹成長需要陽光、空氣，對比到我們就是家庭跟健康。家庭是讓我們邁向財富的重大關鍵，擁有穩固和諧的家庭關係就好比財富之樹擁有充足的陽光。不論原生家庭是好是壞，接受它的一切才能讓自己有能力組成新的家庭，家庭的開枝散葉，就是財富之樹的結實纍纍。追求金錢的過程中，如果犧牲了健康也等於財富的下滑。在追求財富的各方面都朝著正確的方向前進時，財富之樹自然長得又高又壯，果實豐收了。

幫助你錢根之樹成長的操作守則：

• 觀察自己最近的健康與家庭狀態，是不是因為常加班、熬夜、應酬，或因為坐姿不良、長期用電腦影響身體？或導致跟家人感情不好？試著改變作息，戒掉睡前划手機，改成跟家人說說話，或為自己買一張舒服的靠墊，將你嘗試的改變寫下來。

我們在追求財富的過程中，家庭關係是要擺在第一的，也許你認為自己是為了家庭在追求財富，實際卻是拿家庭來換取財富，到最後往往會兩面落空，且是一無所有。

3
PART

立刻就富裕

富裕是一種邁向有錢的感受，
如果我們想要有錢的話，
就要讓自己先感受富裕，
再來無論你做什麼事情，
都一定會邁向千萬富翁的。

我們活在這個世界上，看起來可以活上七八十年，實際上卻只有三秒鐘而已，也就是上一秒、這一秒跟下一秒，我們如果可以好好地認知這三秒鐘，就能夠真實地活出自己的人生。

上一秒就是逝去的光陰，很多人都活在上一秒當中，也就是活在過去當中，不是沉浸在過去的快樂或成功，就是沉淪在過去的痛苦跟悲傷，無論是哪一種，你都不算是活著，嚴格來說，幾乎跟死人沒兩樣，因為你的時間是無法往前走下去的，只有死掉的人才會永遠停留在過去當中，雖然有些沉痛的事情我們很難從中走出來，不過我們要理解一件事情，所有的事情在你回到宇宙之後，都是會煙消雲散的，因此如果持續讓自己停留在過去的話，生命將無法往前邁進，換句話說，如果你的過去是貧困的情況，你又讓自己停留在過去，你是不會有任何不一樣的未來，只會永遠困在過去的窘境當中，只有當你走出過去的陰霾時，才能踏上全新的道路，邁向嶄新的人生，所以讓自己放下過去的一切，是邁向財富之路當中最重要的一件事，這邊提供三個步驟讓大家可以擺脫過去的糾纏。

第一、爬出過去的泥沼

如果你陷在情緒泥沼之中，可以讓自己出外散心或是找家人朋友聊聊，還是透過運動或享用美食的過程，讓自己盡快脫離情緒的控制，無論是哪一種方式，盡快讓自己爬出泥沼才是重點。

第二、站在泥沼旁邊觀察它

當你從負面的情緒抽離之後，試著用平靜的心來觀察這段過去的事件，用第三人的角度來分析它，這個人可以是你尊敬的人或是一個有智慧的人，透過客觀的角度分析過去的這段事件，讓自己可以知道為什麼這個過去會這樣影響自己。

第三、感恩這個泥沼

無論你的過去對你造成什麼影響，努力從中找尋那一絲絲對你有益的部分，也許可以讓你加速成長，或是讓你更加的強壯等等，然後讓自己針對這個有益的部分，來感恩這段過去的經歷，當你可以真正地感恩過去的事件時，才算是真正的放下過去，也才能邁向嶄新的未來。

另外，有些人總是活在下一秒當中，也就是永遠都在期盼美好的未來，這些人總是不滿意當下的狀況，總是會說如果換份工作就好，如果賺到一百萬就好，或是說等我四十歲就要怎樣怎樣，在這樣的情況下，這些人的心思總是存在於虛擬的未來當中，要知道一件事情，未來就是永遠都不會來的一個狀態，如果你不滿意當下這份工作，你換了一個工作之後保證還是不滿意，因為你只想要未來的那份工作；如果你真的賺到一百萬，你又會想要賺到五百萬才會滿足，所以當下的一百萬並不會讓你幸福，你永遠活在未來更多的金錢當中；假使你已經來到了四十歲，你就會說等你五十歲會怎樣怎樣，事實上你就是只想把事情丟給不會到來的未來而已，所以如果我們活在下一秒當中的話，不但永遠不會滿足於眼前的幸福，甚至還可能會一事無成或窮困潦倒。

我們要知道一個事實：就是上一秒已經消失，下一秒也永遠不會來，因為下一秒來的時候就叫做這一秒，所以我們無法改變已經消失的上一秒，也無法在虛擬的下一秒做些什麼事，我們唯一能改變的就是這一秒的人生，所以如果你這一秒是快樂的，下一秒才會快樂，如果你這一秒是幸福的，下一秒才會是幸福的，所以如果我們想要邁向財富的話，這一秒就先讓自己感覺富裕，下一秒才會是富裕的，怎麼讓自己這一秒就感覺富裕，就是本章最大的重點。

● 過去讓它過去，未來奠基在此刻

過去的事情照理說應該讓它煙消雲散，就像你記不住去年這時候，晚上到底是吃什麼東西一樣，你無法記住過去的所有事情，但有些事情為何我們總是忘不掉？那是因為是我們賦予那個「過去事件」力量的關係，如果過去有一件事情讓我們非常快樂，讓我們不斷地回想，並且逢人就講那段經歷，過去的那段快樂回憶就會烙印在我們的心中；同樣的，如果有一件事情讓我們非常痛苦，我們不斷地讓自己重複地回想那段記憶，也和很多朋友提起，那麼這段痛苦也會變成永恆。

所以我們可以選擇，當過去發生了一些好事，我們就努力地回想這些好事，如果發生不好的事情，如果沒有必要的話，我們不要再回想這些不好的事情，慢慢地我們的回憶就會充滿好的事情，而不是痛苦的回憶了。不要將垃圾都留在心裡。

擺脫了痛苦的過去之後，再來就請讓自己多看向未來，所有經歷都是幫助我們邁向更美好的未來，並且知道未來就是由現在所發展出去的結果，所以眼光放在未來，但現在要踏穩腳步，把現在的每一秒過好，無論過去你失去什麼，請想想現在你還擁有什麼，未來又會多些什麼，你就可以感恩地走下去了。

> 我們活在世界上，實際只有三秒鐘：上一秒、這一秒跟下一秒，如果好好認知這三秒鐘，就能活出充實人生。上一秒是逝去的光陰，如果無法放下過去，將無法面對現在這一秒跟下一秒的未來，有三個步驟可以幫助我們擺脫過去的糾纏：爬出過去的泥沼、站在泥沼旁邊觀察它、感恩這個泥沼。我們無法改變過去，唯一能改變的就是這一秒的人生，只有這一秒快樂，下一秒才會快樂。我們要做的就是讓自己這一秒就感覺富裕。

幫助你擺脫情緒泥沼的操作守則：

- 當你感到沮喪、生氣、難過或憂鬱時，請不要沉溺在這個情緒中，試著去看場電影、找朋友說說話，或是讀一本好看的書。
- 觀察到自己比較平靜之後，分析自己在這些情緒時的狀態，時間大約會持續多久？強度如何？會說出什麼話？容易有什麼反應（容易和別人吵架、昏睡等等）？多久會出現一次（週期）？
- 進而去想：為什麼你會感到沮喪、生氣、難過或憂鬱？（不被認同？達不到自己期望？……等等）
- 試著揣摩，如果是你很景仰的對象（巴菲特或比爾蓋茲），他們會怎麼面對這樣的狀況？
- 在這次的情緒泥沼當中，想要感謝誰？（跨越煩惱的自己、提高你境界的對手、陪你走出情緒的親友……等等）

只有當你走出過去的陰霾，才能踏上全新的道路，邁向嶄新的人生，所以讓自己放下過去一切，是邁向財富之路當中最重要的一件事。

找到你與生俱來的財富？

許多人都會覺得自己資源有限，認為自己的家庭沒有提供財富的援助，不像有錢人的小孩可以擁有一筆創業基金，或是說自己的人脈不多，因此需要援助的時候總是找不到人幫忙，甚至認為自己的才能不夠，所以無法成就什麼大事業，如果你認為上述的情況是對的，那麼你當然會認為自己活在貧困之中，在第一章已經提到，你腦中的每個思想最後都會化做真實的情況，所以如果不扭轉上述信念的話，你就會永遠困在目前的窘境當中了。

● 全球首富的起點跟你我都一樣

是否一定要有家庭的援助才能有自己的財富或事業？你去看看許多白手起家的人，像是王永慶出身於窮苦的茶農之家，還是成就了台塑集團的龐大事業，在二〇〇四年時身價是將近一千億元（新台幣）。你如果努力去找，可以找出超過一千個以上的例子，發現你跟這些富豪是同樣的背景。再來，是否要有很多的人脈才會成功，那你要知道祖克柏（Zuckerberg）在中學時期，因為喜歡玩電腦的關係，他沒有朋友，之後卻成為臉書（Facebook）的創辦人，在二〇一四年的身價超過三百億美元。你可以找出超過一千個以上的例子，所以你跟這些富豪是一樣的情況，如果你覺得自己才能不夠，你要去聽一下甲骨文CEO埃里森（Ellison）在耶魯的演講，他說全球最富有的三個人都是退學生，你還可以找出一千個以上的例子，你跟這些富豪也是一樣的狀況，也許你跟有些富豪的狀況不同，不過有很多富豪的狀況都跟你差不多，為什麼不讓自己成為有同樣狀況的富豪呢？

● 人體的六十兆細胞就是與生俱來的財富

如果你仔細思考，會發現成為富豪的條件並沒有一定，好像什麼樣的人都可以成為富豪，其實那是因為我們都擁有龐大的財富。你可能無法想像擁有六十億的財富，每天花費一百萬的生活，那你能想像擁有六十兆的財富，每天花費超過一百億嗎？事實上，根據科學家的研究，我們的身體裡面約有六十兆左右的細胞，每天大約會耗損掉一百億以上的細胞，這樣龐大的財富就存在於你體內，這是每個人都有的財富，也是所有富豪最大的共通點，有些人可能會把這些財富隨意地使用，每天無所事事或是做許多沒有意義的事情，當然無法創造出更多的財富，若我們能好好珍惜這份與生俱來的財富，並且好好地使用它，就像富豪每天都會一起床就充滿動力，因為他要好好利用這六十兆的細胞來創造出更多的財富。誰能夠好好使用這六十兆的細胞，誰就能擁有富裕的未來。

更驚人的是，這些細胞都在自己的崗位上做好份內的事情，你如果懷疑自己的能力，不妨感受一下左胸裡正在跳動的心臟，它一分鐘要跳動六十至一百下，在一分鐘內就要輸送全身五至八公升的血液，這些血液在一分鐘之內就會流遍全身，你的心臟一天總共要跳動八萬六千下以上，讓血液流遍全身將近一千五百次，這樣的工作是全年無休的，在過去數十年來沒有一秒鐘休息，你不會聽到心臟說：「不好意思，我累了，讓我休息一分鐘就好……」心臟總是精準地做出每下跳動，且從來沒有失誤過（如果失誤的話你應該會感受很深……），而且心臟只是你身體十幾個器官的一個，你的肺臟有五億個小氣囊（肺泡），可以持續地交換氣體，無論你有沒有注意它，它都會努力地提供你充足的氧氣，你的肝膽腸胃也都無時無刻地做好每項份內的工作，且都是精準無比，沒有絲毫差錯，所以當你覺得自己沒有能力時，請摸摸自己的心臟，從中感受它無與倫比的力量，你既然是所有器官的組成，就沒有什麼事情是你辦不到的。

每當你懷疑自己的能力時，感受一下自己的心臟的跳動，那是無以倫比的能力，你發揮出來的能力往往不到擁有的百分之一，看看你身邊優秀的朋友，他們的心臟和你一樣，想想那些世界的偉人或首富，他們的心臟也和你一樣，只是他們多發揮了一點點而已，所以你的能力是很強大的，就看你要發揮多少而已。

我們每個人都擁有無上的財富以及超強的能力，還在等什麼？馬上就朝自己的夢想前進吧！

全球首富的起始點和你我都一樣，為何結果卻大不相同？善用自我就是走向富有的不二法門，人的身體裡面約有六十兆左右的細胞，每天大約會耗損掉一百億以上的細胞，這就是我們每天擁有的「金錢」，要將這些金錢浪費掉，或是好好利用創造更大的價值，就是決定一個人未來的關鍵，也是富豪之所以成為富豪的原因。

幫助你善用自我的操作守則：

- 試著閱讀關於商業鉅子白手起家創業故事，或堅持傳統手工品質的老店故事，將你們相同的地方寫下來，值得學習的地方也寫下來，做為參照。

當你覺得自己沒有能力時，請摸摸自己的心臟，從中感受它無與倫比的力量。

不要懷疑，你跟股神一樣富有！

華倫巴菲特是投資界最富有的人，他的資產在二〇一五年的時候超過了六百億美元，相當於一點八兆新台幣，不過他在二〇〇六年六月宣布將他的資產捐給慈善機構，顯示他追求財富不是為了享樂，而是專注在他的熱情「投資」而已，因為他在年輕時，除了睡眠之外，幾乎把時間都花在經營投資事業上面，也因此得到了無比的成就。

●「時間」是我們和巴菲特共同的則富

華倫巴菲特現在已經超過八十歲了，他的一生都奉獻給投資，他沒有玩過跑車，沒有花時間學廚藝，沒有去參加歌唱比賽，當然也沒有花時間去打高爾夫球，巴菲特每天回到家就是大量地閱讀書籍，讓他可以在投資的領域中持續成長，也因此到現在都沒有人可以超越他，一個已經是全球首富的人卻還是花比我們多的時間在投資上，我們當然永遠都無法超越他，不過巴菲特小時候也沒有很富有，所以如果回到巴菲特的年輕時代，我們就有一項財富是跟巴菲特一樣的，那就是「時間」。

種子落到土裡，要發芽長成大樹，如果沒有時間是不可能做到的，母雞生了雞蛋，再把雞蛋孵出小雞，如果沒有時間也是無法做到，甚至天空的一滴雨想要落在海上，如果沒有時間照樣是不可能做到，因此我們要知道一個事實，就是所有事物的發生都是需要時間的，時間就是讓萬事萬物發生的最大關鍵。我們在第一章提到心想事成，我們心中的想法都能夠化做真實的一切，重點就是要有時間。如果你想養一隻獅子，結果你的身後馬上就出現一隻獅子的話，你應該會嚇死，所以時間是讓我們可以接受的一個關鍵因子。你真的想養獅子的話，你會去研究哪個國家可以讓民眾養獅子，再花時間去當地買塊空地，然後打造成適合養獅子的環境，最後你就會在那個國家的某個地方擁有一隻自己的獅子了。這個過程可能需要五至十年的時間，主要就看你是否夠想要養一頭獅子，如果你的心中不夠想要這一隻獅子，很快你就會打退堂鼓，所以這隻獅子就只會讓夠想要養牠的人擁有了。

巴菲特就是因為夠想要靠投資成就一個大事業，才會把時間都花在投資上。他在一九五六年成立巴菲特聯合有限公司的時候，公司的資本只有十萬美元，其中巴菲特只出資一百美元（約三千元台幣）而已，當時他才二十六歲，但是他從此都把時間花在投資上，經過了將近六十年才有如今的偉大成就，就如同小小的種子一樣，一開始也是一點都不起眼，不過只要給這顆種子夠長的時間，就可以長成通往天際的大樹，因此我們只要把時間放在我們的夢想上，夢想一定就會實現。

●三小時，你選擇看電影、喝下午茶還是讀一本好書？

我們都跟巴菲特一樣，每天都擁有二十四小時可以實現夢想的財富，不過有個很大的差別是，大家都認為時間的長短是固定的，實際上時間卻是因人而異會有長短不同的情況。如果你週末下午去看一場電影，這樣一個下午三個小時很快就消失了，也就是說你把可以實現夢想的時間資產花掉了三個小時，或是去跟朋友喝個下午茶也會很快就花掉珍貴的三個小時，很多人就這樣不斷地把自己人生的三個小時一直花在跟夢想無關的事情上，當然就會離夢想越來越遠，如果我們把時間花在閱讀一本好書，或是花時間聽一場有價值的演講，你會發現那段時間相對有價值很多，因為你把時間花在跟夢想有關的事物上，雖然聽起來很抽象，不過你的確會清楚知道自己又往夢想邁進一步。

我們都擁有跟巴菲特年輕時一樣的資產，巴菲特把時間放在投資上，之後他成為投資的股神，麥可喬丹把時間放在籃球上，之後成為籃球之神，賈伯斯把時間都奉獻給蘋果公司，才會有現在的iPhone，你可以找到更多的例子，許多偉大的成就都是因為這些人花的時間，而不是這些人的聰明才智，所以你想要什麼樣的夢想呢？從今天開始就把時間放在夢想上吧！

● 把時間列入成本當中

許多人往往因為想要省下小錢，而花上三小時的時間大排長龍，這是沒有把自己的時間當作金錢來看待，從今天開始將你的時間訂出一個價格，這個價格並不是公司給你的時薪，在便利商店打工時薪是一百五十元／小時，但並不表示你的時間就值這個價錢，那只是你現在的工作時薪，如果訂立自己的時薪是兩百元／小時，那麼你就不會只提供一百五十元／小時的價值，你會更加地付出和努力，讓自己有時薪兩百元的價值，過不了多久，你可能會升格成為店長，這時候如果再把自己的時薪拉高到五百元／小時，那麼你會更加地努力創造出這樣的價值，很快地你就會進到總公司當經理了。所以不要低估自己的時間價值，而要盡量地高估，並且提升自己的能力，讓自己有那樣的價值。

既然我們的時間價值越來越高，那麼你去看一場三小時的電影，成本就不是五百元，而是五百元乘三小時，如果你為了省五十元的停車費，結果花了一小時找停車位，那麼就是虧錢的。注意，你的時間是非常有價值的，因此必須要將時間放在讓自己成長的機會上，而不是單純享樂而已。

我們有一項財富跟巴菲特一樣，那就是「時間」。時間是讓萬事萬物發生的最大關鍵，只要把時間放在夢想上，夢想就一定會實現。將時間花在看電影、喝下午茶，這些和夢想無關的事；或是閱讀一本好書、聽一場演講，幫助自己更接近夢想。兩者所呈現出的時間的價值是不一樣的，從今天開始就把時間放在夢想上吧！

幫助你善用時間的操作守則：

- 試著記錄你的下班時間、假日，都在做什麼事情？找出你浪費掉的時間，用它們來做有意義的事情。

我們只要把時間放在我們的夢想上，夢想一定就會實現。

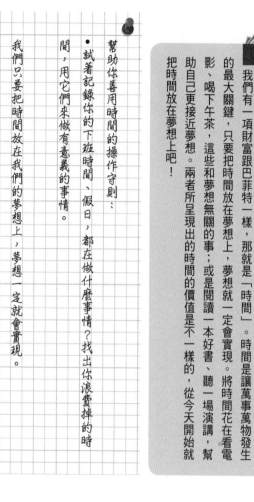

專注你當下的每一步！

假設跟你說要帶你到一個跟天堂一樣的地方，但是要走上五百公里，相當於從台灣最北走到台灣最南的路程。從最北邊的富貴角出發，目標是最南端的鵝鑾鼻，挑戰徒步走完全程，走路的過程中，心中一直想著鵝鑾鼻這個終點，你猜猜會發生什麼事？你可能走了一天累得要命結果才走到台北，心中就會想著：「怎麼還沒有到鵝鑾鼻？」第二天再度啟程走上一整天後，你會發現才走到桃園而已，你的心中又會納悶：「還要多久才會到鵝鑾鼻？」結果第三天走到中壢你就想要放棄了。這跟我們小時候爬山的感覺一樣，老是在問父母還要爬多久，結果越問只會讓自己越累，所以即使知道走上五百公里後會是天堂，但是心中只想著天堂在走這段路的話，應該走不到一百公里就會放棄了。

- **理財像是跑馬拉松，專注眼前的每一步才能走到終點**

上述情況就是大多數人的寫照，很多人雖然知道正確的理財方法，儲蓄加上穩定投資，只要二十年的光陰就可以讓自己提早退休，在其他人還在打拚的時候，已經可以不用工作且年年出國度假，過著輕鬆寫意的日子，這當然是天堂般的生活，也是很多人的最大目標，不過由於二十年實在是太漫長的一段日子，許多人努力一兩年就會放棄，最後只會淪為一輩子辛苦工作的員工，無法享受提早退休的生活，要怎麼讓自己可以充滿毅力地走完這二十年，就是我們理財的關鍵要素。

要怎麼讓自己度過漫長的理財人生，就跟跑馬拉松的方法是類似的，如果跑馬拉松的人一心想著終點在跑，一定是跑不完全程他，要跑完馬拉松的關鍵方法就是專注在眼前的這一步，只要專心踏出每一步，一定是會到終點的。曾經有一位禪師帶著徒弟們去爬山，那座山要爬上五百階的階梯才能達頂，由於禪師已經年長，徒弟原本很擔心禪師會爬不動，結果卻是禪師遙遙領先徒弟，第一個爬上山頂，而且臉不紅氣不喘，徒弟爬上山頂後才氣喘如牛地問禪師怎麼辦到的，禪師就跟徒弟說：「你們看著終點在爬，所以你們爬了五百階，這樣當然會喘，我只看著眼前的這一階在爬，爬過之後就忘掉剛剛爬過的那一階，對我來說，永遠都是在爬一階啊！」

● 富裕是邁向有錢的感受，並非有錢才有感受

雖然我們可以定下未來二十年後的遠大目標，但是我們可以把中程目標（五年）也定下來，最後再訂出近程目標（一年）以及短期目標（三個月），甚至訂出每天的目標，讓自己每天都踏出正確的一步，最後就能夠達到長遠的目標了。

即使已經規畫出長中短期的目標，心態的調整還是最重要的，要怎麼讓自己可以專心在踏出的每一步，才是邁向長遠終點的關鍵，馬拉松選手的心態一定是相信自己可以跑到終點，假設跑到終點總共要踏出兩萬步，那每一步都是兩萬步的其中之一，也就是說你所踏出的每一步就是成功的一步，這樣你就會從每一個踏步中得到滿足跟喜悅了。

我們如果要等到有錢才會感到富裕，是不可能會有錢的，因為你無法用貧困的感受來到達有錢的那一段。假設我們想要賺到一千萬，那麼如果你有九百九十九萬九千九百九十九元，只差一元的話你算是千萬富翁嗎？那個讓你成為千萬富翁的一元，跟之前九百多萬個一元有何不同呢？所以每一個一元都是一千萬的一份子，我們只有要能力讓自己的資產增加一元，早晚能夠成為下一個千萬富翁，因此要時時刻刻感受自己的富裕，因為富裕不單是金錢的數字，富

裕是一種邁向有錢的感受，如果我們想要有錢的話，就要讓自己先感受富裕，再來無論你做什麼事情，都一定會邁向千萬富翁的。

● 時常調整你的目標，讓夢想更貼近現實

當我們訂下一個中期或長期目標時，會發現有許多因素一直在改變，像我念書時的目標是當一位老師，當我考進清大數學系，原本是想當數學老師，不過因為種種因素最後轉念中央財金所，結果成為理財方面的老師，這是我當初始料未及的，但因為我的熱誠是教學與幫助別人，所以在過程中只要有機會，無論是否有收費，我都會充滿熱誠來教導別人理財的觀念，最後才成為獨當一面的理財老師，這似乎是冥冥中註定最好的結果，如果我當初去當數學老師，可能無法像現在幫助這麼多人，也無法收到這麼多人的感謝。

所以放眼未來，但眼前腳踏實地是我們要實踐的事情，每天把自己份內的事情做好，每週都把自己該做的事情完成，每個月把計劃好的事項一一做到，那麼你就會是以最快的速度邁向目標。

「想賺到一千萬」聽起來可能很遙遠，如果要賺到一萬元聽起來就容易多了，換個念頭想，你只要賺一萬元達到一千次，就可以達成一千萬元的目標，

萬丈高樓平地起，穩扎穩打持續累積能力跟財富，最後就可以擁有自己想要的人生了。

想要走好漫長的理財人生，關鍵在專注眼前的每一步，先定下短期目標（三個月），再訂近程目標（一年），然後是中程目標（五年），每步都走在正確的道路上，就能走到二十年這個長遠目標。一路不要只想著終點，只會給自己太大的壓力，專注當下的一步即可，從當下的一步感覺自己正在變富有，就一定會成為千萬富翁。

幫助你專注眼前的操作守則：

• 訂定一個年度存錢的目標，將這個金額拆分成十二個月，再拆分每一周，每一天，持續進行，你會發現存到一桶金一點也不難。

要時時刻刻感受自己的富裕，因為富裕不單是金錢的數字，富裕是一種邁向有錢的感受

人人都有最好的投資標的

在投資的道路上，如果我們能夠投資到正確的標的，對我們的資產成長就會有很大的幫助，所以正確的投資就是可以在未來五至十年給我們豐厚報酬的標的。如果股票市場有機會，我們就應該把資金投入股票市場，如果房地產出現了好機會，我們就應該把資金投入房地產，也就是說如果有一項商品在未來五年有成長一倍的機會，我們就應該把資金放在這樣的商品上，這樣就是最好的投資，不過全球商品種類眾多，要從中找到一個五年後可以翻倍的商品可以說是不容易的事，更何況五年後又必須重新再找新的標的，若能夠存在一個標的就可以永遠提供高報酬，那應該是很棒的一件事。

● 看書、買書、藏書就是最好的投資標的

其實這樣的投資要用不同的概念去思考，我們年輕的時候投資了許多時間跟金錢，來換取一定的學歷跟知識，光只計算高中跟大學的話，就要五十萬到一百萬的金額，但是其中有許多知識的報酬並不高，但是如果說這七年能夠得

到一些對人生有用的知識，也許就能夠賺回當初所投入資金了，就像許多人想要學會投資，可能會花上好幾萬的學費去學習，但是如果跟到了一位好老師，那麼就是值回票價，不過如果是跟錯了老師或是當初念大學的時候選錯科系，那麼不但損失了許多金錢，甚至還虛度了不少珍貴的光陰，假設可以一口氣提供你數十位優秀的老師，這些老師都是許多人認同的，而且隨時在你身旁，你想要學習就能馬上學習，你也不用擔心會選錯方向，若一位老師講課到一半你覺得暫時對你沒幫助，你就可以馬上換一位老師，換到你滿意為止，這樣的話你是否就能夠學習到對你最有幫助的知識，來讓你的人生價值提升，所以這樣的完美方案，不要說是一百萬，相信就算是三百萬也是讓所有人趨之若鶩的。

如果說有以上這樣的方案，但是成本可能連一百萬的一半都不到，會不會讓你心動呢？這樣的方案就是「看書、買書及藏書」，在台灣買書可以說是非常便宜，來看一個例子就可以知道，全球大賣的《祕密》一書，如果去美國亞馬遜網路商城買原文書的話，一本要價十二塊美金，折合台幣將近要四百元，台灣的出版社把這本書引進台灣後，再找人翻譯成中文，在博客來的售價卻只剩下一九八元，也就是說只剩下一半的價格，為什麼出版社增加了翻譯人員的成本後售價卻降低呢？主要就是因為在台灣喜歡買書的人不多，因此導致出版社只能用相對便宜的價格來賣書，在股市當中有一句至理名言：「人棄我取、人取我予」，意思就是說當很多人都在賣股票的時候，就是買進股票的時機，相對的，當大家都在搶買股票的時候，就是賣出的時刻了，想想看幾年前的大學生，由於能夠念大學的人不多，因此大學生就相對珍貴，那個時候就應該努力念大學來換得美好人生，等到人人都能夠念大學的現在，大學生就不再是珍貴的一件事，念大學反而不是必要的投資了，所以在台灣我們可以用相對便宜的價格來買到許多好書，這就是因為大家都不看書的結果，所以目前買書就是最好的投資，你可以看看你周遭的朋友，大多都是不愛看書的，因此開始大量看書的你，一定可以有超越這些人的成就，就像當初稀有的大學生一樣，是可以領先許多人的。

●人生，做不同的事才會有不同的結果

有一句話說得很好：「全天下最愚蠢的事就是：每天不斷地重複做相同的事，卻期待有一天會出現不同的結果。」所以如果我們今天可以開始做出不同的事情，那麼才會有不同的明天，不過如果沒有任何原因我們怎麼可能會有不同的做法，我們現在做出的每件事情，都是根據過去的經驗以及學到的知識，

所以如果沒有「輸入」新的知識，那麼我們還是會重複做相同的事情，因此看書就是讓我們輸入嶄新的知識，讓我們可以擁有不一樣的未來，而且我們要珍惜目前買書的環境，每本書都不到五百元，如果你用高中大學學費的一半五十萬來投資，那麼就能夠買下一千本以上的書，如果這些書都放在你身旁的書櫃上，那麼當你有需要的時候，只要隨手拿起架上的書籍一翻，就能得到作者關鍵的知識，那麼你就能夠做出不同的決定，當然就可以開始邁向富裕的未來了。

● 輸入你需要的知識

現在由於出版業不景氣，因此市面上的實體書店越來越少，不過還是有很多不錯的書店可以去逛逛，當你有明確的目標時，那麼你就會需要大量相關的書籍來幫助你達到你的目標，因此就去書店尋找相關的書籍，並且秉持著：「寧可賣錯、不可放過」的心態，有句話是說：「再忙也要看書；再窮也要買書；房子再小也要藏書」，所以好書能買就盡量買，或許哪一天這本書就會啟發了你。

我小時候並不愛看書，不過出社會後知道若想要成功，那麼大量念書是一定要做的事情，因此就經常參加讀書會，藉此讓自己可以吸收大量的書籍知識，成長也因此非常的快速，在那段高速成長的時期我大約每年買超過一百本書，每本書約三百元的話，就花了超過三萬元買書，不過收獲卻是這個金額的好幾十倍，因此大量買書、再大量讀書一定是有價值的投資！

不過有句話是說：「盡信書，不如無書」，這就是因為書讀得太少或讀得太狹隘所導致的結果，我們不但要大量讀書，還要讓自己閱讀不同領域的書籍，如果你想要在投資上有明顯的進步，那麼只有閱讀投資的書籍一定不行，你必須閱讀其他領域的書籍來輔助，像是心理學、哲學、歷史或管理學等等，當你大量吸收不同層面的書籍時，心胸就會越來越廣闊，猶如海納百川一樣，你吸收知識的速度就會越來越快，當然成長也就會越來越快了。

看書、買書、藏書是最有爆發性的投資標的。我們在台灣的幸福是能用相對便宜的價格買書，在周遭的朋友都不愛看書的情況下，大量看書就是自己超越他人的最佳投資。每天重複做相同的事，是得不出不同結果的，想要有不同的明天，從現在開始就要做出不同的決定，當然才可能邁向富裕的未來，翻開手邊的書吧！

幫助你找到投資標的的操作守則：

- 檢視自己有沒有買書、看書的習慣？如果沒有就從現在開始吧，為自己列出本周書單、本月書單，久了之後年度書單也會出現了！
- 檢視自己的書單，是不是偏向性很高？不只理財書，管理書、心理學、歷史類的書也非常精采，試著加入書單當中吧！
- 一邊閱讀，一邊試著將書中你覺得很實用的重點記錄下來，避免讀完就忘記自己讀了什麼。

如果我們今天可以開始做出不同的事情，那麼才會有不同的明天。

從第一桶金滾出好幾桶金

所謂人生的第一桶金，指的就是賺到第一個一百萬，通常可以賺到第一個一百萬後，再來的第二個一百萬以及第三個一百萬就會容易很多，也就是到底能否賺到錢的一個分野，所以年輕人的第一個目標就是賺到第一個一百萬。

● 想賺到第一桶金就先投資自己

不過我們要先了解一件事情，一百萬到底要投資到什麼地方，才能有機會最快賺到呢？如果你有一千萬的資金，你可以投資房地產或是債券型基金，這兩樣商品可以提供百分之五左右的年報酬，你在兩三年內就可以賺到一百萬。如果你有一百萬的資金，你可以將這筆資金投入到股票或是全球指數的基金，這兩樣商品可以提供你百分之三十左右的年報酬，所以你有機會在三五年後賺到一百萬。如果你的資金只有十萬元呢？那麼你需要投資一樣商品，在三到五年內提供你十倍以上的報酬，這樣你才能達到一百萬的目標，聽起來似乎非常不容易，不過剛出社會的新鮮人也很難找到人提供一百萬或是一千萬的資金來運用，所以我們的第一桶金就是得靠這十萬來創造出十倍以上的利潤。

如果你的十萬拿去投資賈伯斯或是華倫巴菲特，就算他們再優秀都無法提供你十倍以上的報酬，你唯一能夠投資的最佳商品只有二樣，第一就是投資自己，因為一個優秀的員工，是會幫公司創造出好幾百萬甚至好幾千萬的利潤，這樣公司當然不會愧對這位員工，因此這樣的員工年薪是會超過百萬的，要怎麼才能讓自己成為優秀的員工，就是把手中的十萬拿來投資自己，買書大量閱讀，自己的知識就會越加豐富，或是花錢去學習一些有用的講座或課程，如果你花了三萬學英文，讓自己可以幫公司應付國外客戶，相信你一定可以賺回三萬元的幾十倍報酬，當你大量閱讀以及持續進修之後，就會發現你總是領先同事很多，所以當公司有升遷機會時，你就會有升官加薪的機會，這樣持續下去，不到三年你的年薪應該就會超過百萬了。

● 你最好的五位朋友就代表你的財富

另外一樣可以投資的最佳商品就是你的好朋友。有一個理論是你的財富決定在你最好的五位朋友身上，你的五位好朋友的財富平均就會是你的真實財富，所以你可以花錢跟朋友去唱歌，那麼你未來的財富就會和喜歡唱歌的朋友接近，你也可以花錢跟朋友去喝下午茶，那麼你未來的財富就會和喜歡喝下午茶的朋友接近，或是你採取不同的做法，花錢和朋友一起去聽一堂有用的課程，花錢和朋友一起創業或加盟一些有商機的店家，當然不是說上課的朋友未來就一定會比愛唱歌的朋友富裕，不過你要很清楚知道你的未來就決定在你最常接觸的五位朋友身上，如果你的好朋友常常都是在打拚事業或是讀書充實自己，你自然就會受到朋友的激勵然後讓自己也跟著朋友一起成長，如果你的朋友只會找你唱歌並且整天抱怨自己工作不順遂，你就要好好考慮是否要換一個朋友了。

人生的第一桶金，是可以靠自己的雙手打拚的，光靠我們與生俱來的熱情跟天賦，就能賺到第一個一百萬以及第二、三個一百萬，只要我們能大量閱讀及進修，加上慎選自己的好朋友就可以達到，不過當你有了第一桶金之後，想要邁向第一個一千萬的話，這時候才能夠開始進入股票或是基金的市場來投資，等到你的投資也能穩定獲利後，就等於是有兩隻金雞母，一隻是你原本的賺錢能力，讓你每年都能賺到一百萬，另一隻就是將你的資金投入股票跟基金，每年賺取第二個一百萬，在這樣雙引擎的推動之下，很快就能邁向真正富裕的人生。

想靠十萬賺到人生的第一桶金，首先要投資自己，創造自我不可取代的價值，賺取有價的財富。第二，就是投資朋友，你的財富決定在你最好的五位朋友身上，找到互相激勵、一同成長的朋友離財富才會越來越近。有了第一桶金，就要開始學習投資理財，邁向真正富裕的人生。

幫助你投資自己的操作守則：

- 列出接下來一個月，你想上的課程、講座，或想要補充的技能，找到相關資訊，為自己報名吧！
- 觀察自己和最好的五個朋友在一起時，都聊些什麼呢？記錄下來，可以邀請朋友跟你一起加入講座跟課程，擴展知識圈。

你唯一能夠投資的最佳商品只有二樣，第一就是投資自己，另外一樣可以投資的最佳商品就是你的好朋友

PART 4 其實你沒這麼愛錢！

如果你不愛惜你買到的各項物品，
就表示你是不愛錢的，
既然你不愛錢，
又怎麼變得更加富有呢？

大多數人在出了社會之後，往往都是為了錢工作，也會為了錢付出，甚至有許多人還會為了錢跟人發生爭執，最後開口閉口都在講錢。看到一件好看的衣服，心中卻馬上浮現這件衣服要多少錢，是很貴還是很便宜，似乎在我們的生活上到處都跟錢有關。的確，我們的食衣住行樣樣都需要錢才能買到。你想要搭火車去旅行，需要錢；你想要吃一頓營養的晚餐，需要錢；你想要住一間舒服的房子，需要錢；你想要穿一件溫暖的大衣也需要錢，這些是我們的基本需求，樣樣都需要用到錢，除非你住在深山裡面，自己蓋木屋，自己種菜跟稻米並且養雞養鴨，然後自己用樹葉等植物做成衣服，最後無論去哪兒都靠自己的雙腳，回到原始人般的生活，那麼你就不需要用到錢，否則我們活在現代的文明社會當中，無論做什麼事情都是需要錢的。

上述的食衣住行只是我們的基本需求，等到我們滿足之後，就會追求和人之間的關係。我們需要和人來往，需要送禮，這需要錢；可能要跟朋友喝下午茶或看電影，這需要錢；可能要和朋友一同出遊踏青，仍然需要錢，所以為了拓展我們的人際關係，讓我們可以融入群體生活中，我們就需要更多的錢才行。

●更多的追求需要更多的錢

等到食衣住行跟人際關係都有了，我們就會再進一步地追求群體的尊重跟社會的地位。我們想要的不再只是溫暖的衣服，我們需要有品牌的服飾，這需要很多錢；我們想要的不再只是交通工具，而是一台豪邁的跑車，這需要很多錢；我們想要的不再只是一頓營養的晚餐，而是美味又高級的大餐，這需要很多錢；我們想要的不再只是一個簡單的小窩，而是要一間精緻裝潢的豪宅，這需要很多錢，為了追求社會的尊重跟地位，我們往往需要更多的錢才能達到。

等到我們也受到別人的認同跟尊重之後，我們就會追求自己個人的嗜好跟興趣，來進到自我的滿足。我們會去打打高爾夫球，這需要錢；會去騎單車，這需錢；可能喜歡去滑雪，這需要錢；會去收集古典音樂，這需要錢；或是喜歡出國旅遊，也需要錢，所以讓我們自己達到一些自我滿足的活動，一樣要不少的錢。

●為錢而犧牲讓我們討厭錢，而非愛上錢

我們光是滿足不同層面的需要，就要不少錢，但是我們往往為了追求錢，而犧牲了這些需要。我們可能因為工作無法好好吃飯跟睡覺；因為工作地點的關係，不能有舒適的房子居住；因為工作地點遙遠，必須花很多時間在交通上，因此我們為了錢，犧牲了很多基本需求。

我們可能因為工作的關係，和自己的家人跟朋友發生爭吵，讓我們因為錢損害了許多寶貴的人際關係；我們可能因為工作的關係，讓自己整天蓬頭垢面，或是一點生活品質都沒有，讓自己的社會地位明顯降低，也得不到別人的尊重；最後我們又因為工作的關係，犧牲了自己原本的興趣，沒有時間去打球、爬山、郊遊、畫畫或聽音樂等等，結果我們為了錢也犧牲各種層面的需求。

如果我們為了錢，犧牲這麼多，就應該表示錢可以帶來超過以上需求的價值，也許是可以讓我們「開悟」？也許是為了實現「自我價值」？還是是因為要創造這個世界上的「和平」或「發展」呢？相信我們沒有這麼偉大，我們是因為單純這麼愛錢嗎？

如果要你去一趟撒哈拉沙漠，忍受高溫的煎熬跟不舒服，你一定會需要一個很好的理由，不然你的人生不是為了受苦而來的，但是我們為了錢，往往承受很多的煎熬跟痛苦，也犧牲了許多層面的需求，我們是否要捫心自問：「到底是為了什麼呢？」真的是因為我們很愛錢嗎？事實上，我們卻因此開始討厭錢了，我們不是因為愛錢才去承受這些不愉快，而是被錢逼迫的，所以我們應該重新看待錢跟自己的關係，讓我們重新愛上錢，因為有了錢，我們才能滿足各方面的需求，不是嗎？

● 利用夢想，重新愛上錢

我們剛出社會的時候，都必需為了食衣住行來賺錢，這只是我們的基本要求，就像你要刷牙洗澡一樣，這些都只是應該做的份內事項，你並不是為了食衣住行才來到這個世界上，所以不要整天想著怎麼賺到下一餐，也不要只想著賺到這個月的房租，因為這些事情並不是你的熱情，就想我們小時候不愛刷牙一樣，一想到又要刷牙就會非常痛苦，不過當我們想要當一個健康的小孩時，我們就會知道刷牙是基本的事情，我們追求的可能更高，是在班上考好成績或假日練習打棒球希望打得好，那麼區區一件刷牙小事情根本就難不倒我們了，所以如果我們能擁有自己的近期目標或夢想，那麼當你為了夢想在打拚時，你的下一餐或下個月的房租就可以輕鬆賺到。

當你在為了一年後的歐洲之旅打拚時，你會熱愛金錢，並且輕鬆賺到下一餐，當你為了開一間屬於自己的店面打拚時，你會熱愛金錢，並且輕鬆地賺到下個月的房租，當你擁有自己的目標或夢想時，你就不會為了食衣住行煩惱，也不會因此而討厭金錢，相反地你會熱愛金錢，賺錢對你來說就會是一個有趣且享受的事情，那麼你當然會越來越投入，最後就會越賺越多錢了。

生活中各種需求都需要錢，我們往往為了滿足比基本更多的需求而陷入金錢的追逐中，犧牲了自我，可能是健康，可能是家庭，可能是人際關係，這些犧牲沒有讓我們愛上錢，反而厭惡錢。人生來不是為了受苦而活，如果因錢而犧牲痛苦，就是看待錢的方式錯了，需要重新找到正確的觀念，重新愛上錢，才有可能富有。

幫助你重新愛上錢的操作守則：

- 仔細回想，你賺錢是為了什麼呢？除了繳房租、養家活口等理由，為自己建構一個更大的夢想（想帶著全家出國建立美好回憶……等等），並在每次有收入時感謝錢，希望它們幫你達成夢想。

我們應該重新看待錢跟自己的關係，讓我們重新愛上錢。

認清錯誤的金錢價值觀

我在講座上常常問聽眾一個問題，就是「覺得自己愛錢的請舉手」，通常大家都會舉手，不過真的愛錢的人沒有幾個。事實上，討厭錢的人可能會超過半數以上，你一定很納悶怎麼會有人討厭錢呢？如果心想事成是正確的話，我們愛錢就應該要得到很多錢，反推回來，我們現在身上沒有很多錢的話，就要捫心自問，是否沒有那麼愛錢，甚至討厭錢。

● 東西的好壞取決在使用者的態度、錢亦然

假設我們看到一把刀子，我們不會馬上認為這把刀子有不好的地方，不會有以下的念頭：「這把刀子真恐怖，可能會被殺人犯拿去殺人」、「有刀子就容易出現割傷，超痛的！」或是「刀子也沒什麼好的，健康比較重要」，你如果聽到有人這樣說，應該會請對方去看精神科醫師，因為我們很清楚地知道，刀子本身沒有所謂的好壞，如果是大廚使用，這把刀子就會成為美味料理的好幫手，刀子是屬於中性的東西，我們常常都會用到刀子，但是壓根也沒想過刀

子到底是好是壞，所以我們對刀子是可以有正確的認知，當然也就能正確地使用刀子了。

從刀子的例子可以知道，一個東西的好壞是沒有絕對的標準，端看怎麼使用它，如果使用在好的地方，這個東西就是好東西，如果使用在壞的地方，這個東西就是壞東西了，所以任何東西我們最起碼都要用中性的態度來面對，再來就是採正面的態度來使用，才是正確的價值觀。我們對很多東西都可以有正確的價值觀，像是自來水、鹽巴、汽車、鞋子以及椅子等等，我們看到這些物品都會用中性或是正面的態度來面對，不過當我們看到「鈔票」時，就很難用中性的態度來面對了，你現在就可以馬上拿出一張千元紙鈔，用手把這張紙鈔在眼前甩動一下，你會發現這張特別的「紙」會引發很多過往的情緒，也許這張紙曾經幫你完成許多事情或夢想，但是這張紙可能在過往也造成你的許多煩惱，你為了這張紙可能受過很多委屈，也因為這張紙跟很多人爭執過，甚至為了這張紙，你犧牲了很多的時間跟健康，所以我說我們很難用中性或正面的態度來看待這張鈔票。

如果你小時候曾經被刀子狠狠的割傷，因此在身上留下一道很大的疤痕，相信你會有很長一段時間，看到刀子就心生恐懼，更不用說好好使用刀子成為一個好的廚師，也就是說如果一個物品讓我們有過不好的經驗，未來我們就會對這個物品有負面的態度，這樣當然會影響我們使用這個物品的品質。「鈔票」在許多人的過往，幾乎都有不愉快的事件發生，所以雖然鈔票本身是中性的，我們卻很容易用負面的態度去面對它，更不要說是正面來看帶鈔票所帶來的意義了。

● 台灣社會的價值觀讓我們對錢厭惡，你也身陷其中嗎？

新聞節目往往反應我們的社會價值觀，所以可以看到新聞很喜歡報導有錢人的悲劇，像是有錢人因為錢而離婚、有錢人開跑車卻酒駕出車禍、有錢人因為錢而過得不幸福等等。錢好像是造成不幸的因子，如果有人因為沒錢離婚，因為沒錢而發生爭執，因為沒錢過得不幸福時，我們又會說是錢造成這些人的不幸，我們從小在台灣長大，就會覺得錢是一個不好的物品，那麼我們口口聲聲說自己愛錢就是非常矛盾的一件事情了。

如果我們仍然對錢有負面的態度跟想法，金錢當然會離我們而去，我們如果害怕刀子，這一輩子都不要接近刀子也不會怎樣，但是我們再怎麼討厭錢，這一輩子還是得跟錢打交道，所以你還繼續討厭錢的話，你要知道一件事情，錢會更討厭來接近你。你這一生都得在這個巨大的矛盾中生活，就如同生活在地獄一樣，所以從今天開始，不要再討厭錢，不要再對鈔票有任何負面的想法，它是無辜的！

● 避免醜化金錢，正面的對待它們

在遠古時代人們只能以物易物，你要拿一隻牛去才能換一車米回家，這是非常辛苦的事情，直到後來發明的銀兩，用金銀當作計價的單位，就方便很多，不過要帶著一大箱金子或銀子，不但需要馬車來運送，還得請保鑣幫忙護送才行，還是不太方便，直到近百年來，鈔票的發明讓人們只要靠幾張紙，就可以進行大多數的交易，而我們現在正邁向無鈔票的時代，未來可能只要靠手機或身上的電子產品，就可以和其他人進行各式各樣的交易，那麼我們到底是在交易什麼呢？說穿了本質上還是「以物易物」，我們用專長或能力，來換取別人的專長或能力，這才是金錢的本質。

我們如果在朋友的聚餐上，想和大家聊聊怎麼賺錢，大部分的人一定都會很反感，常常也聽到有人在說：「不要甚麼事情都講到錢」或「講到錢就傷感情」，久而久之我們就會越來越討厭金錢，無論別人怎麼汙衊或醜化金錢，一

定要知道金錢等於是你的專業跟能力，也等於是你的努力跟付出，是珍貴跟崇高的，你如果和有錢人聊錢，他們總是會很樂於跟你討論，這就是他們有錢的關鍵，所以從今天開始，我們要對金錢改觀，當有人要跟我們談論金錢的事情時，我們一定要把握機會好好地聊金錢，這樣我們才會離金錢越來越近的。

> 任何東西原本都是中性的，就像刀子，被利用來料理，工作就是好的，被利用在傷人就是壞的，錢也是一樣。然而一個人過往的人生經驗與台灣的社會價值觀卻塑造著錢的負面形象，所以沒錢就過得不幸福，有錢一樣會因錢而產生悲劇。在這種觀念跟想法下，錢只會離我們更遠，從今天開始，改變對錢的負面想法，錢才會與你親近。

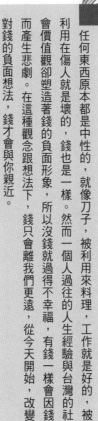

幫助你真正認識錢的操作守則：

- 仔細回想，有沒有哪些讓你討厭錢的原因？把它寫下來（因為討厭上班，所以討厭賺錢、覺得愛錢很勢利……）。
- 寫完討厭的原因後，請跟討厭的理由和解（討厭上班不是錢的過錯、有錢的人不一定就勢利……）。
- 再寫下喜歡錢的原因，並感謝錢幫助你完成了這麼多事情，並期望它們幫助你完成更多夢想。

記住！如果我們仍然對錢有負面的態度跟想法，金錢當然會離我們而去。

守財奴≠有錢人

這個世界上有兩種人會非常有錢，一種是熱愛鈔票的人，這種人就只愛鈔票，無論世間上有什麼美好的事物都比不過手中的鈔票，他這輩子只想要收集鈔票，一點都不愛花錢，只熱愛拚命賺錢的活動，這樣的人當然會越來越有錢，不過這種人少之又少，而且雖然有錢，但是不會是最有錢的人；另一種人才會真的非常有錢，就是他不把錢當作錢，這種人既不愛錢也不討厭錢，他不會很愛花錢，也不會吝嗇花錢，錢財對這種人就如水流一樣，在他身上來來去去，得到了活用的價值，俗語說：「戶樞不蠹，流水不腐」，意思就是說經常轉動的門軸不會腐爛，經常流動的水不會發臭，因此當金錢在我們的身上可以流動，並且發揮它最大的價值時，自然就會吸引更多的錢財來到我們身邊，因為這是它的最佳去處，如果它來到你的身邊只能存放在銀行或保險櫃，錢財就不會靠近你，如果它來到你的身邊，會讓你感覺到有可能會不幸福，那麼錢財更不會靠近你，所以我們要怎麼吸引財富呢？就是正面地對待它，並且發揮它的最大價值。

● 能發揮事物最大的價值，自然能吸引事物，錢亦如此

如果你追求一個女生只是為了把她關在家裡，應該沒有女生願意這樣被你困住，若你能讓她活出自己的人生，她就會樂意待在你身邊；如果你收集名畫只是為了把這些畫作鎖在地下室，這些畫作應該都會哭泣，若你能舉辦展覽讓這些畫作重見天日，讓更多人來欣賞名畫的美好，你自然會擁有更多的寶貴名畫；你如果種了許多水果卻只是屯在倉庫，這些水果早晚都會腐爛，若你能把這些美味的水果分享出去，之後就會擁有更大的果園了。如果我們想要追求什麼東西，就要想辦法發揮這些東西的最大價值，那麼這些東西才會被你吸引而來。

因此，被人關在家裡的女生是無辜的，被人鎖在地下室的畫是無辜的，被人屯在倉庫的水果也是無辜的，如果你能了解上述情況，你就要知道被你鎖在保險櫃或是銀行的鈔票也是無辜的，你也會因為這樣的舉動讓自己更加地遠離金錢，這還是你真的愛錢的情況。你如果討厭一個女生，那麼她不會來到你的身邊；你如果討厭一幅畫作，它不會來到你的家裡；你如果討厭纍纍的水果，那麼它絕對不會開花結果的。如果你對金錢有負面的態度，又無法發揮金錢的最大價值，這樣金錢除了逃離你的身邊，還能有其他的選項嗎？

我們從這一刻開始，只要看到與金錢相關的任何報導或資訊，都要發掘金錢在其中的正面意義。如果我們的生活當中，因為金錢造成我們的不愉快，你一定要盡快把負面的態度跟金錢畫清界線，讓我們先努力達到可以用中性的態度來面對金錢，因為錢是無辜的，它不會來到一個討厭它的人的口袋裡。

● 讓金錢去該去的地方，錢會回來找你

在你能用中性的態度面對金錢之後，就要想想自己要怎麼發揮金錢的最大價值。也許你要用金錢打造一個創新的樂團，讓世人可以聽到嶄新的音樂形態，這樣金錢會來找你；也許你要用金錢創造一個理想中的育幼院，讓所有需要照顧的小朋友都有地方可以居住，這樣金錢會來找你；也許你要用金錢買下一塊乾淨的土地，讓你可以在上面種植許多有機健康的農產品，這樣金錢會來找你，因為這些事情就是金錢可以發揮的所在，也是金錢最應該去的地方。

也許你沒有那麼遠大的抱負跟理想，那麼你可以從身旁的人事物開始。你可以透過金錢來照顧家人；透過金錢幫助朋友；透過金錢可以讓你居住的環境變整潔；透過金錢可以讓你的小孩有更好的教育，這樣金錢還是會來找你，甚至你想要用金錢買一輛帥氣的跑車，想要用金錢去歐洲度假一個月，想要用金

錢享用一頓美味的大餐，金錢還是會來找你。如果金錢可以讓你的生活過得更美好，它是會願意來到你身邊的。

● 感謝金錢來到我們身邊

金錢在我們身上總是來來去去，我們努力工作後，老闆付我們薪水，我們要去吃飯買東西，就會把錢付出去，當我們收到金錢時，我們要懷以非常感恩的心情來迎接他，如果你出生在戰亂時期，可無法過這樣安穩的生活，這是老天的恩賜，所以你要用正面的態度來接受這筆金錢，再來你就會好好地運用這筆金錢，相對的，當你需要付出去手中的金錢時，一樣要以感恩的心情來面對，因為透過金錢你才能順利地享受另一個人對你的服務跟付出，我們是因為金錢的關係，才能用能力跟努力換到另一個人的努力跟能力，而且幾乎是零成本（你不用載一頭牛或是一箱銀兩過去），所以我們不要是金錢的來去為理所當然，而是要以感恩的態度來面對，這樣就可以讓金錢在我們身上發揮最大的價值了。

當我們擁有金錢的時候，我們要好好地運用，讓金錢發揮最大的價值，而不是任意花費，讓金錢發揮不出價值，更重要的是，當金錢在我們身上來來去去去時，如果你有厭惡的感覺，那你就要小心金錢會離你遠去了。

錢如果不流動，是無法創造更大的價值。無法活出自我的女人、鎖在地下室暗無天日的名畫、屯積在倉庫的腐爛的水果，都失去了他們的價值，錢也是一樣，如果無法發揮它的價值，錢只會遠離你。將錢花在你想做、該做的事情上，讓錢發揮它的正面意義，當使用錢讓你的生活過得更美好，錢就會樂於來到你身邊。

幫助你建立「錢的正面價值」的操作守則：

- 寫下三個感謝金錢的理由，隨時感謝它們來到你身邊，付錢的時候也要懷著感恩的心。

讓我們先努力達到可以用中性的態度來面對金錢，因為錢是無辜的，它不會來到一個討厭它的人的口袋裡。

有錢人的長皮夾哪裡不一樣？

有一本書的書名是《為什麼有錢人都用長皮夾？》主要的重點就是說要珍借手中的每一分錢，提高對錢的重視度，才會有錢。就如同前面所提到的，假設我們因為一些事情而對錢有負面的態度，你就會看到你的錢不是散落在桌上，就是被你擠到褲子的口袋裡，這樣的人一定很討厭錢，才會用這種態度對待錢。如果你是一個愛車的人，你絕對不會把車子停在髒亂的路邊，讓車子整天積上一層厚厚的灰塵，你會把車子洗得很乾淨、打蠟得亮晶晶，且停在一個不容易積灰塵的地方；如果你是一個愛名牌包包的人，你不會把名牌包包隨意丟在桌上，讓包包沾到桌上的油漬，你會把名牌包收進專用的收納袋，放在置物櫃裡面，讓包包永遠都像新的一樣，所以如果你真的是一個愛錢的人，你絕對會如同上述對待車子跟包包一樣的心態，把鈔票也放在應該放的地方，桌上跟口袋都不是鈔票應該放的地方，放在折疊式的皮夾裡，相信也不會讓鈔票保持平整，真正愛錢的人，自然是會挑選長皮夾作為鈔票的存放之處。

●任何事物都該適得其所，錢就該存放在長夾中

如果你家有一個可以放珠寶跟金錢的保險箱，相信這個保險箱應該不會堆滿灰塵，而是會放在很適當的地方，所以如果你有一只長皮夾，應該就要找個好地方放置這只長皮夾，如果你已經挑個好皮夾放錢，卻把長皮夾隨意地擺在桌上或是架上，仍然表示你不夠愛錢，再來，你的保險箱裡面應該只會放跟錢有關的重要物品，像是支票、珠寶、房契以及鈔票等等，應該沒有看過有人在保險箱裡面放泡麵或餅乾等不貴重的東西，同樣的，我們的長皮夾只能放跟錢有關的物品，像是鈔票、信用卡、支票或是提款卡等等，如果是名片、發票、收據或集點卡等不重要的東西，就可以另外準備放置的地方，甚至連硬幣等零錢都不應該放到長皮夾，應該準備零錢包來存放。如果有個人的家裡書櫃上都放飲料跟青菜，冰箱卻放了許多書跟文具，你一定會認為這個人生活出了大問題，那麼我們在放置與金錢相關的物品時，是否也應該都要給它們適當的地方呢？

●開始整理錢包吧！重視你有的金錢

如果你還在用折疊式的皮夾，而且皮夾裡面什麼都有，像是發票、集點卡

或名片等等，那麼請盡快找時間去買一個長皮夾，即使你覺得不方便，也一定要做這件事情，因為你不做而導致貧困的話，生活會更不方便，所以為了錢，你應該這麼做，而且要努力去做，如果覺得長皮夾無法放在褲子的口袋裡面，那就買一個包包來放你的長皮夾，當你為了鈔票做這些事情，你會發現你開始重視金錢了。

如果把錢放在你的口袋中，當你從口袋裡面拿出一張皺成亂七八糟的一百元時，再想想過年時拿到的壓歲錢，紅包裡面的那張全新一百元，全新的一百元鈔票對你來說就有二百元以上的價值，你不會隨便花掉它，不過口袋那張皺皺的一百元，對你來說可能連五十元的價值都不到，一定會很想隨便地花掉它。所以我們怎麼對待錢，就反映了我們對金錢的價值觀，我們重視金錢的話，金錢對我們就很有價值，我們自然就會把錢花在很有意義的地方，相反地，如果我們不重視鈔票，永遠都隨便對待鈔票，那麼我們花錢的時候一定也是很隨便的花費，讓金錢浪費在不必要的地方。所以從今天開始，我們必須好好地對待鈔票，像是領出來兩萬元的千元紙鈔時，你是否會把鈔票整理成同一面再放進你的長皮夾呢？如果不會的話，今天起就這樣試看看，你會發現更容易賺到錢！

●花錢是為了得到財富

如果你今天出門運動，可能是去打籃球或是游泳，你可能不會帶錢，頂多只是帶個零錢包出門，表示你今天為得是健康的財富，所以跟金錢財富無關；如果你今天是去上班或是談生意，你就會帶著錢包出門，換句話說，你就是帶著你的「財富」出門，因此你要知道你的目標是讓財富持續增加，就不去做跟未來財富無關的活動，當你一天結束之後，你的金錢可能會少了一些，但是你要思考的是未來的財富是否因為今天的行動而增加。如果你今天招待一位客戶喝下午茶且跟他談生意，那麼雖然你的錢會變少，但是未來的財富會增加；如果你今天是去逛書店且買了幾本書，那麼雖然你的錢會變少，但是未來的財富會增加，所以重點不在今天的錢變多變少，而是今天利用你的金錢做了哪些事情。

你的金錢只會被你用在兩個方向，一個是投資，另一個則是耗損。有些耗損是必須的，像是交通費用、三餐的費用，還有通話的費用等等，不過有一些耗損則是不必要的，像是吃大餐、唱歌、看電影等等，除非你的大餐是和對你有助益的朋友一起吃，唱歌是和重要的客戶一起唱，或是帶你的團隊去看電影，這樣這些才不算是耗損，算是一種未來的投資，所以你每天出門不是因為金錢的財富就是為了健康或是其他方面的財富，你的一舉一動不是一種投資，就是一種耗損，透過長皮夾，就可以時時提醒自己，讓自己永遠走在邁向財富的道路上。

每樣東西都有適合自己的位置，唯有善待它們才能發揮最大的功效。錢也一樣，放在長皮夾中，就是一種愛惜的表現，代表你了解自己是帶著「財富」出門，目標是為了讓財富持續增加，就不會去做跟未來財富無關的活動。使用長皮夾可以時時自我提醒，在金錢的使用上，我們是花在耗損還是投資呢？

幫助你重視金錢的操作守則：

- 準備一個長皮夾、零錢包、名片夾，將不同物品分門別類放進去，長皮夾中只放鈔票、提款卡、信用卡等物品，將硬幣、發票也分開存放。
- 在花掉必要支出時，心裡不要捨不得，感謝金錢為你帶來的便利，並希望它們再回到你身邊。

我們重視金錢的話，金錢對我們就很有價值，我們自然就會把錢花在很有意義的地方。

燙西裝不如燙鈔票

有一次我去永樂市場買一些布要請師傅幫我車窗簾，當我付給師傅幾張百元鈔票時，看到師傅馬上拿起熨斗把鈔票一張張燙平之後，才放進皮夾，我問師傅為什麼這樣做，他跟我說因為這樣鈔票才不會離開他，這樣的觀點非常有趣，也顯示師傅對錢非常重視。試想一下，如果你的西裝每次都親自燙的整整齊齊，你會隨意把西裝丟在椅子上嗎？你一定不會這樣子做，相反地，你會把西裝好好地掛在衣櫃中，所以如果我們真的能夠準備一個燙鈔票的熨斗，每天拿到鈔票時都回家把這些鈔票給燙的整整齊齊，相信我們一定不會隨意花掉這些鈔票，並且從此對鈔票會有不同的態度，自然就可以邁向正確的財富之路。

● 像愛惜心愛的事物一樣愛惜手中的鈔票

你要先找出最心愛的一件事物，你可能很愛你的汽車，每週都要花三個小時親自清洗愛車，且好好地打蠟，讓愛車閃閃發亮，那麼試著把你的鈔票也擦拭乾淨並且打蠟一下，你會發現鈔票也是可以閃閃發亮的，這樣你就會改變對金錢的態度。你可能愛的是收集郵票，你會把不同類別的郵票都放在集郵冊中，每張郵票都被你擺得整整齊齊，那麼試著把你的鈔票也擺在簿子中，並且把不同年份跟不同幣別的鈔票分開放，你會發現鈔票也是可以整整齊齊、漂漂亮亮的，這樣你就會改變對金錢的態度。如果你愛的是音樂CD，你會把這些CD都擺放在專屬的光碟架上，依照順序擺放定位。你可以試著也提供一個鈔票專屬的置物櫃，把鈔票都照大小擺放定位，你會發現鈔票也是很有質感的，這樣你就會改變你對金錢的態度。若我們可以用對待最愛事物的態度，來面對每天都會接觸到的鈔票，我們對鈔票的觀感就會有徹底的改變，一旦我們也珍愛手中的鈔票時，就離財富又更進一步了。

假設你是文中一開始那位燙鈔票的師傅，當你把每張鈔票都燙平，並且整齊地收到錢包裡之後，這時如果有人問你是否要買一杯星巴克的咖啡，要你從錢包中拿出兩張剛燙過的百元鈔票，相信你一定千百個不願意，如果你真的不喝咖啡不行，必須拿出兩張百元鈔票買咖啡，你也會如同愛鈔票一般對待這杯咖啡，因為那是你用珍愛的鈔票換來的咖啡，因此你會好好享用這杯咖啡，不會喝個兩口就放在旁邊讓它冷掉，等變難喝後就不喝直接丟到垃圾桶，因為這樣就好像把兩張百元鈔票拿起來揮兩下就要丟掉一樣，是非常不珍惜的行為。

就是因為我們先不珍惜手中的鈔票，才會不珍惜鈔票所換來的許多物品，因此看看自己怎麼對待用錢換來的物品，就知道是否珍惜手中的鈔票，如果你不愛惜你買到的各項物品，就表示你是不愛錢的，既然你不愛錢，又怎麼變得更加富有呢？

● 珍惜鈔票、愛惜金錢，它們會更容易回到你身邊

如果你認為你的百元鈔票只值五十元，那麼你總是會隨便的對待它，也會隨便地花掉它，相對的，如果你認為你的百元鈔票是值二百元，你應該就會用完全不同的方式來對待它，當然更不會輕易的花掉這張你認為價值二百元的百元現鈔，這樣你就會越來越喜歡錢，鈔票當然也會越來越喜歡你，慢慢就會往你的身上來靠攏。

你從今天開始就觀察一件事情，有錢的人是怎麼對待鈔票的，你會發現許多有錢人都很重視他身上的鈔票，當然如果是爆發戶就不一定會這樣，因為他只是不小心有錢，但是他只要沒學會好好地對待鈔票，你會發現這種爆發戶很快地就把錢給花光了，所以我們可能都有一段時間不小心就有錢了，但是我們能否守住財富，關鍵的重點就是我們是否重視我們手中的鈔票，所以有人就

說：「賺錢容易，守財難」，所以有錢人和我們一般人最大的不同，並不是銀行裡面數字的多寡，而是我們對金錢的態度，我相信世界十大首富之一的華倫巴菲特，他一定認為手中的百元鈔票是價值一千元的，所以他投資股票的兩大原則才會是：「第一就是千萬不能虧錢，第二就是千萬不能忘記第一點。」如果鈔票對你來說不是鈔票，而是你的人生、家人跟夢想，我相信你一定會好好地對待鈔票，也更會認真地使用這些鈔票。

●改變對錢的態度，珍惜用錢換來的每件事物，就是開啟財富大門

有了錢，我們可以實現自己的夢想；有了錢，我們可以幫助身旁的親友；有了錢，我們可以遊山玩水享盡美食。錢在我們身上就是可以發揮最美好的一面，因此我們要越來越愛錢，不過我們無法看著鈔票說出我愛你，那是非常抽象的行為，所以我們要用兩種方式來改變我們對金錢的態度，第一就是在使用金錢的時候，要了解這是把我們最愛的東西交出去，像是要用你的愛車或是你最愛的DVD去交換另一個東西一樣，所以要換到的東西一定是你也非常需要的才行，也就是說我們使用金錢是要非常珍惜的，再來就是當我們換到另一個東西的時候，就要用對待金錢的方式來對待那樣東西，所以對待我們所買到或擁

有的任何東西，都要非常珍惜，因為這攸關我們對待金錢的態度，一旦我們會珍惜所擁有的每件事物，就會珍惜手中的金錢，這樣就等同於開啟邁向財富的大門了。

當我們愛惜一樣物品時，會重視並特別對待它，錢也是一樣，想要讓錢親近自己，也要真心愛惜錢才行。若我們可以用對待最愛事物的態度，來面對每天都會接觸到的鈔票，我們對鈔票的觀感就會改變，當我們珍愛手中的鈔票時，我們也會珍惜鈔票換來的每樣事物，愛惜錢、愛惜物，就離財富又更進一步了。

幫助你惜錢愛物的操作守則：

• 把手上的鈔票，換算成你喜歡物品（你所喜歡的歌手演唱會門票、限量款球鞋、即將上市的新款手機……），你看到這些鈔票的眼光將會不一樣。

看看自己怎麼對待用錢換來的物品，就知道是否珍惜手中的鈔票。

愛錢如同愛小孩

前面提到，如果我們愛我們的錢，我們才會擁有越來越多的錢。我們可能愛我們的汽車、郵票、環繞音響、名牌包、珍藏ＤＶＤ或是手機等等，不過對待這些東西的愛只限於非常喜歡，還不到真正的愛。你只是單純的想要擁有這些東西，所以你只會很愛自己車庫裡的車，別人車庫的車就沒那麼愛；自己櫃子的名牌包你會很愛，別人手中的包包就沒那麼愛；自己珍藏的ＤＶＤ你會很愛，但是別人收集的ＤＶＤ你就不愛了。你對這些物品的愛比較像是慾望，當然你對金錢有正向的慾望是很好的事情，因為可以幫助我們得到許多想要的夢想，不過如果要加快我們邁向富裕的腳步，就要將非常喜歡提升到真愛才行。

● 真愛不是擁有的欲望而是無差別的愛

那什麼是真愛呢？所謂的真愛就是你不擁有也非常喜歡的人事物，如果你是愛小孩的人，雖然不會想要擁有幾百個小孩，你不只會愛自己生的小孩，看到別人的小孩也會非常想要疼愛，你可能還會想去育幼院照顧可愛的小孩們，也就是說全世界的小孩，無論是不是你的，無論他們長得怎樣，你都會非常地愛他們，這就是所謂的真愛。如果你很愛你的爸媽，那麼其他人的爸媽你也會關心，養老院裡的老伯伯、老婆婆你也會愛，全世界的每一位長輩，你只要看到都會想要上前關心，這就是所謂的真愛。如果你是熱愛音樂的人，別種樂器你也會欣賞，別人的詞曲你也會喜歡，這個世界上只要是音樂你都會去熱愛，這就是所謂的真愛。真愛就是無差別的喜愛，而不是想要擁有的慾望。

剛出生不到一歲的小孩，是天真無邪的，只會用水汪汪的眼睛看著你，不吵不鬧，應該所有人都很喜愛，你如果沒有真愛的人事物，就想想這樣子的小孩，你不會刻意想要擁有，光是看到這些小孩就感到幸福，這就是無差別的喜愛。如果我們對待金錢也可以用這樣無差別的喜愛態度，你會知道有多大的差別了，也就是說無論是我們口袋的金錢或是別人口袋的金錢，都要用同樣喜愛的態度來面對，所以當我們在面對金錢的時候，無論那是別人給我們的錢或是我們給別人的錢，都是要一樣喜愛的。

● 真愛錢才會加速財富的到來而迎接幸福

在以物易物的時代，我們不會想要擁有一萬斤的稻米或是十噸的木材，我們只會拿自己的東西換到需要的東西而已，因此每個人都可以豐衣足食，所有人都會替別人著想，那是一個幸福的社會。在金錢出現之後，許多人明明不知道金錢要拿來做什麼，甚至心中是討厭金錢的人，都會不計一切代價來「奪取」金錢，完全不管另外一個人是否因為自己而損失了許多金錢，造成我們對金錢有差別待遇，我們只想要搶奪別人的金錢，最後把金錢浪費掉或是鎖在保險箱裡，這就是我們對金錢的負面態度，如果你手中喜愛的金錢，因為別人賣你一件衣服，你把金錢交給他之後就不喜愛了嗎？當你的金錢在別人的口袋中你就討厭它嗎？難道別人因為你的金錢而得到幸福你會感到難受嗎？相信你沒有這個意思，不過我們在日常生活中常常發生這樣的情況，這是要多加留意的。

我們如果只有金錢，我們等於什麼都沒有，所以我們要用金錢來換取食衣住行的種種物品，當我們在用金錢交換其他物品的時候，我們要用喜愛的心情去交換，希望手中的金錢可以幫助對方得到想要的生活，這是無差別的真愛。如果我們刻意殺價或是跟人討價還價，就表示我們懷疑對方在欺騙我們的金錢，問題是這樣的念頭反而會造成我們對金錢有負面的觀感，因此真的必要時我們只能去比價，這幫助我們可以將金錢發揮最大的效益，但是殺價對金錢就是負面的感受，是不必要的行為。

殺價這樣的行為，看起來雖然讓我們少花一點錢，無形中卻讓我們對金錢有負面的觀感，我們會覺得這些人都因為錢而有欺騙的行為，造成我們無法對金錢有正面的態度，所以是損害大過於助益。我們要時時留意自己在交換金錢時的心心念念，擺脫一些舊有的框架，讓我們可以對金錢產生真愛，你會發現財富是會加速來到身邊的。

● 戒掉殺價這個不好的習慣

當你疼愛自己的小孩時，你也會愛你朋友的小孩，當你去買東西的時候，如果看到老闆旁邊帶著他自己的小孩，你也會用一樣的方式去疼愛老闆的小孩，那麼為什麼我們對手中的金錢明明應該要很疼愛，但一旦交給老闆後，我們就開始討厭它了呢？小孩可以讓爸媽都感到幸福，我們手中的金錢一樣可以讓所有的人感到幸福，並且讓所有人都可以得到自己想要的人生，並且照顧他們自己的家人，所以試著去想想：當你把鈔票交給老闆的時候，你在幫助老闆得到他的人生，並且協助他照顧家人，這也是老闆拿他的能力跟專業跟你換取的代價，我們要珍惜跟感恩這樣的金錢流動。

既然這樣，我們為什麼要殺價呢？去想想看，如果你一輩子都不殺價，會因此而窮困潦倒嗎？為了食衣住行整天在殺價跟比價，一年到頭能省下一百萬嗎？既然不行，那麼你要知道殺價會讓你對金錢產生負面的能量，殺價會讓你遠離金錢，更重要的是，殺價一定會讓你虧損累累，更不要說是一年省下一百萬了，怎麼說呢？有一句話是說：「殺頭的生意有人做，賠錢的生意沒人會做！」當老闆用一個價格賣掉他手中的東西，表示對老闆來說這是賺錢的生意，但因為你殺價讓老闆利潤變少，老闆不會拿比較好的東西給你，也許拿給你的是瑕疵品，但你不是老闆看不出來，如果你在夜市逛街，看到一間店面賣一顆西瓜要二百元，你嫌貴老闆不給殺價，走到隔壁看到一間攤販賣類似的西瓜一顆只要一百二十元，老闆還讓你殺價到一百元成交，這時你的心中不應該竊竊自喜，反而要思考一件事，那顆西瓜也許已經沒這麼新鮮，所以老闆才願意用便宜的價格賣給你，結果回家那顆西瓜才放兩天果然就壞掉了，這個時候你是用一百元買了顆快壞的西瓜，和你用二百元買一顆品質好的西瓜，你覺得誰比較聰明呢？不殺價的人只花了五分鐘就帶了一顆甜美多汁的西瓜回家享用，而你多花了三十分鐘還多走一段路，最後只得到一顆爛西瓜，這樣你知道殺價是虧損累累的一件事情吧。

想想看，郭台銘有時間去殺價嗎？全球首富比爾蓋茲有時間殺價嗎？沒有！他們連一分鐘的空閒也沒有辦法去殺價，除非他買的是一間工廠，價值超過一百億，那麼他們會花點心思來讓自己省個十億到三十億，如果殺價對你的資產增加沒有什麼幫助，從今天開始戒掉殺價這個行為吧！

一個愛小孩的人，愛的是小孩本身，跟小孩是不是己出沒有關係，這就是真愛。真愛就是無差別的喜愛，而不是想要擁有的慾望。我們真愛財富、真愛錢，是愛它本身，而非今天它在我們身上才愛它。當我們用金錢交換物品時，如果是用喜愛的心情去交換，我們會希望手中的金錢可以幫助對方過上他想要的生活，這就是無差別的真愛。我們愛錢，也熱愛錢能帶給自己和他人幸福。

幫助你對錢產生真愛的操作守則：

- 去回想：你在什麼時候會想要殺價？記錄下來，並寫下不殺價的三個理由，藉此讓你不對錢產生負面想法。

無論是我們口袋的金錢或是別人口袋的金錢，都要用同樣喜愛的態度來面對。

5 PART 你準備好投資了嗎？

千里之行始於足下，
一步一腳印才是投資的獲利之道，
你準備好投資了嗎？
那麼我們一起上路吧！

許多人出了社會之後，等到發現自己的薪水總是無法存起來，或是存錢的速度總是比想像的慢時，如果因此聽朋友的建議或是看雜誌的報導，想要開始學投資，這可能就是一個錯誤的開始，而且永遠不會結束，所以要進入投資市場的朋友，請再多想一下你真的準備好投資了嗎？

● 必須對人生及投資有真正的認識，才能跳入投資市場

為什麼我們會想要投資，無非是聽到朋友說有人靠投資賺了錢且累積一筆財富，或是看到報章雜誌說有人因為投資致富且提早退休，由於致富跟提早退

休都是非常誘人的結果，所以會讓大部分的人因此跳入投資市場，卻忽略了三個很重要的事實：第一、投資並非穩賺不賠，你有準備好進場之後是當個輸家嗎？你知道大多數的人都是虧損的事實嗎？你可以接受不斷地失敗並繼續前進嗎？就像許多超級業務員，年薪都可以上千萬，因此很多人一頭熱就跳進去當業務，最後卻是失落的結果在等他，所以你要知道前方不是只有甜美的果實在等你，而是一條不容易的道路，你要有所覺悟才能進入投資市場。第二、投資不是輕鬆的工作，很多人都以為投資只是買進之後再賣出，然後就賺到大錢，中間有許多辛苦的過程都被忽略掉，你可能每個月要看兩三本投資的專業書籍、每天要花一兩個小時收集財經資訊，還要花時間思考屬於自己的交易方式，這樣辛苦的過程可能要維持五年以上才能開花結果，這樣你還有意願進入投資市場嗎？最後，就算你真的致富還有提早退休，這就是你人生的目的嗎？這樣子你就可以完成你來到這個世界的目標，然後打道回府嗎？應該不是的，所以我們是否準備好致富或退休之後的規畫，否則我們辛苦達到這個目標就沒有意義了。

如果我們去花蓮旅遊，可以知道在市區有一間非常有名的扁食店，這間店不賣別的，就只有餛飩湯，這間店單靠餛飩湯就可以賺到好幾桶金，如果你去問老闆是否要學投資，跟他說靠投資可以致富跟提早退休遊山玩水，他就會回你說他早就已經達成了，所以根本不用再學投資，也就是說除了學投資之外，賣餛飩湯也可以致富跟提早退休，那麼你會想要去賣餛飩湯嗎？你可能會說你沒有興趣。如果有人因為泡咖啡讓自己致富跟提早退休，你會想要去泡咖啡嗎？你可能會說你沒興趣，所以你不是因為那件事情可以致富或提早退休就去做，這樣的話我們要捫心自問，社會上有千百種選擇，我們可以去賣衣服、做室內設計、開餐飲店或是其他我們有興趣的工作，為什麼一定要投資呢？是因為我們天生就熱愛投資嗎？如果有其他方式可以讓我們致富且提早退休，我們都會強烈拒絕，堅持只靠投資致富嗎？

● 想清楚，你真的想要投資嗎？

很多人喜歡投資，事實上那是因為你喜歡賭博的感覺，就是完全不用努力，隨便和人聊聊天聽聽明牌，然後胡亂地下注，運氣好的話就可以享受賭贏加上不勞而獲的快感，那麼要跟你說聲不好意思，因為你口袋裡面的鈔票都是被我們這種人賺走的，因為我們每天花五到八個小時在投資上，每個月看一到二本投資相關的書籍，並且每天都在檢討自己的交易有什麼地方可以加強跟進步，面對這樣的專業投資人，你怎麼會認為自己會在投資上獲利呢？

假設有朋友跟要你開一間五金板材店，你明明就不懂五金的東西，但是你朋友說他會教你，而且一定會賺大錢（重點是他自己都沒有賺到錢），然後你花一百萬開了一間五金板材店，結果發現隔壁一條街就是連鎖的B＆Q特力屋，後面的巷子裡則是有一間開了三十年的老店，你覺得你有辦法賺到錢嗎？這個時候你不要怪罪於朋友，因為你竟然會相信自己有辦法學個三腳貓功夫，然後隨隨便便開個店就會賺到錢，你不是三歲小孩了，應該要有判斷力才對。但是許多投資人不知道是不是財迷心竅，或是真的討厭自己口袋裡的鈔票，竟然會想要學個一兩個月投資，然後就要去面對連鎖的外資投資機構和一群如狼似虎的專業投資人，更不可思議的是還會覺得你有辦法從中獲利而不是任人宰割？

投資雖然可以讓我們穩定獲利，但是我們必須要有正確的觀念才能正式開始，並且慢慢地一步一步往前進，才可以略有小成。

● 穩定獲利沒有捷徑，就是一步一腳印前進

回想一下當初進入投資市場的時候，或是現在正準備進入投資市場，你要問自己一個問題，你是真的熱愛投資？還是以為投資市場是一個可以不勞而

獲，輕鬆賺進千萬的好地方？如果你是後者的話，看看台灣目前富有的人當中，有多少比例是靠著投資賺到的呢？如果我跟你說，你只要做你有興趣的事業，你會有更高的機率致富並且提早退休，而投資卻有很高的機率會讓你失落，這樣你還是要堅持走上投資這條道路嗎？

如果這樣澆你冷水，你還是有意願要投資的話，那麼要跟大家說投資是可以穩定獲利的，不過不是我們當初剛進市場想的那樣，靠投資穩定獲利就有如賣餛飩湯一樣，沒有別的捷徑，就是一碗一碗地賣，投資也是一樣，就是一年一年地投資，現在賺錢的咖啡店不是一開店就賺錢，而是經過努力而成的，我們當然很想要有好的結果，但是要知道，千里之行始於足下，一步一腳印才是投資的獲利之道，你準備好投資了嗎？那麼我們一起上路吧！

跳入投資市場需要注意三個事實：第一、投資並非穩賺不賠，第二、投資不是輕鬆的工作，最後，就算你真的致富還有提早退休，這就是你人生的目的嗎？投資不是致富的唯一方法，還有許多其他方式可以讓我們致富且提早退休，所以認清自己是否真的想要投資而進入投資市場，投資是可以穩定獲利的。千里之行始於足下，一步一腳印才是投資的獲利之道。

幫助你建立「人生與投資正確觀念」的操作守則：

- 想清楚，你真的想要開始學投資嗎？寫下你想要學投資的三個理由，並且加上你願意為了學投資，付出什麼樣的努力？

千里之行始於足下，一步一腳印才是投資的獲利之道，你準備好投資了嗎？

你的投資教練是誰？

如果要開始進入投資市場，你必須要做兩件事情：第一、先下水再說，第二、找一個好的游泳教練。投資市場最重要的不是交易的技巧或是買進股票的方法，最重要的是你要親身了解什麼是投資市場，也就是要了解股票價格的「波動」，換句話說就是股票的「股性」。我們的人生中，大多人都是在穩定的狀況下過生活，你不會今天起床在北京，明天起床在東京；你不會這個月領二十萬薪水，下個月是要付公司薪水，少數人是做國際事業或是開店當老闆比較會習慣這樣不穩定的狀況，但是大多數的人都是日復一日每天上下班，月底準備領薪水，過著穩定的生活，你這個月的薪水是三萬，下個月仍然是三萬，遇到三節就多一些獎金，基本上你的未來資產都可以預估，但是一旦你把大筆存款放入投資市場後，你就開始進入不穩定的狀態，這個月你可能獲利六萬，相當於兩個月的薪水，你可能會開心到不想上班，開始想著何時要提辭呈專心在投資，但是下個月卻虧掉九萬，一口氣虧掉三個月的薪水，這時你更無心上班，因為你未來三個月都是做白工了，所以每個月你都會因為投資的損益波動讓心情起伏不定，進而影響正常生活，這表示你無法適應這樣的「股性」。

● 循序漸進適應「股性」再學投資

我們在進入投資市場之後，第一個重點就是先下水再說，先拿一點小錢，看看自己是否習慣金錢的波動，每個月的盈虧可能只有幾千元或是幾百元，影響的層面不是幾個月的薪水，而是幾個便當，你可能會因為多賺幾百元想吃頓大餐，或是因為虧損幾百元後就只吃泡麵當晚餐，這表示你還是不習慣股性，就不能再投入更多資金，以免影響生活，等到你可以接受每個月幾百元的損益波動，而不會影響心情時，你就可以提高資金，讓自己試看看大一點的波動，這樣子循序漸進才是正確的。

進入投資市場就好像剛開始學游泳一樣，重點是讓自己適應水性，先找個深一百二十公分的泳池，讓自己感覺安心的情況下慢慢適應水性，讓自己可以接受水是冰冷的，且偶爾會有喝到水的情況，這就是水性，等你習慣水性之後，再來學游泳就會事半功倍。股票市場就好像泳池一樣，也會有虧損的不愉快，這都是要習慣的股性，你可以接受資金上下浮動的時候，就是了解投資股性的時候，你再學投資就會比較容易上手。

●從簡單的目標開始，逐年增加報酬率

習慣水性之後，再來就是找個好的游泳教練，你如果才剛開始學游泳，應該不會找奧運金牌選手來教你怎麼創下世界紀錄，也不會找橫渡日月潭的游泳健將來教你怎麼游過日月潭，更不會找泳渡台灣海峽的高手來教你怎麼游過台灣海峽，所以你會找一般游泳池的游泳教練，教你怎麼游過深一百二十公分長二十五公尺的游泳池，等到你開始上手之後，你才會去挑戰深一百八十公分長五十公尺的游泳池，如果你已經學游泳一年以上且得心應手了，你可以挑戰深三公尺長一百公尺的游泳池，最後當你發現都可以輕鬆游過的話，才會考慮去挑戰橫渡日月潭，所以重點不是游泳教練多會教，沒有一個游泳教練可以保證你一個月內就能從旱鴨子到橫渡日月潭，因為游泳靠的不是技巧有多厲害，而是你花多少時間練習才有多少成果，不過投資往往會有「運氣」高手出現，如果你發現有人不小心就游過日月潭，而且每年都有好幾個人這樣運氣好的游過去，你也可能會想要試試看。我們都知道游泳無捷徑，只能勤加練習才會有進步，投資也是一樣，也許有人短時間有很好的成果，不過那都是少數中的少數，大多數可以靠投資致富的，都跟游泳選手一樣，從最簡單的目標開始，慢慢地成長才有現在的成就。

目前銀行的定存只有1％左右，你一開始投資就只能設定年報酬5％，然後你會發現就跟二十公尺的泳池一樣，很容易就達成了，之後你再把目標提高到一年10％，這時候你就會發現要辛苦一些才能完成，當你努力了幾年之後，就會慢慢地朝年報酬20％邁進，此刻你可能就已經是在邁向財富的路上，所以不是每個人都要橫渡台灣海峽，不是每個人都要目標年報酬50％以上，那都是運氣所造成的結果。因此我們目標要設定正確，這樣邁向財富的速度才會是最快的。

●投資一點也不難，心態要正確

很多人在開始投資之前，都說自己多麼保守，只要小賺一點點就好，不過一但開始投資之後，就好像完全變了一個人一樣，每天都想要賺大錢，本來是說一年賺個5～10％就好，甚至說比銀行的1％好就可以了，但是進來股市之後，想的都是怎麼賺50％或是一倍，那麼結果當然都是虧損出場，並且無一例外！這個時候這群人才會跟我反應說：投資真的好難！並不是投資很難，而是你訂的目標太難了，如果你一年只要賺比銀行多一點，也就是一年賺個3％～5％，那我保證你會有無比的信心可以做到，也會跟我說原來投資一點都不難，所以我們剛開始學投資時，絕對不可以好高騖遠，而是要腳踏實地，你能付出多少再來訂多少的目標，如果有一個員工，一進公司就說他的目標就是要當總經理，結果每天都遲到早退，那麼我相信你應該也會為他嘆一口氣的。

另外，很多人都認為沒錢就無法投資，其實恰恰好相反，就是要在沒什麼錢的時候投資，因為投資最難克服的就是「輸錢」，如果你等到有五百萬再來投資，一次輸個10％就是五十萬，你應該會連飯都吃不下，更不要說有人一口氣輸掉個幾百萬，那麼應該就會是一輩子的夢靨，所以趁我們只有幾千元或幾萬元就開始投資，那麼就算虧也只是虧個幾千、幾萬，工作一兩個月就賺回來了，但是你卻賺到很珍貴的經驗，你拿個五萬一口氣輸光，記取教訓之後，你應該再也不會虧超過十萬了，所以要趁小錢就投資，這樣才能慢慢地成長，等到有大錢的時候，你已經是不怕股市風浪且經驗豐富的船長了。

要開始進入投資市場，必須要做兩件事情：第一、先下水再說，第二、找一個好的游泳教練。最重要的是要親身了解投資市場，也就是股票價格的「波動」，換句話說就是股票的「股性」。不會因為股票的損益波動影響情緒時，再學習投資，像找適合的游泳教練一般，設定穩健的年報酬為目標，逐年增加年報酬，這樣邁向財富的速度才會是最快的。

幫助你學習投資的操作守則：

- 為自己的投資年報酬定下一個不太難的目標，記錄下來。並且進入投資市場時，謹記你的目標，而不是殺紅了眼忘記初衷。

並不是投資很難，而是你訂的目標太難了。

面對虧損，怎樣才能不嗆到水

許多人因為誤解，認為投資市場是很好獲利的地方，通常等到進入投資市場一段時間後，才會發現虧損是經常發生的事情，這時候由於不甘心的心理作用，往往有想要賺回來的心態，沒料到反而因此越陷越深，之後害怕虧損的陰霾就會埋藏心中，讓投資人一輩子都走上不想虧損的投資心態。不過任何技巧都會發生虧損，但是投資人只要使用技巧一段時間後，一發生虧損就認為是技巧的問題，他們永遠都在尋找一個永不虧損的聖盃，認為虧損是不應該發生的事情，就是這樣的心態才會導致這些投資人永遠都無法邁向獲利。

美國泳壇的巨星「飛魚」費爾普斯在奧運當中拿下了十六面金牌，成為奧運史上獲獎牌數最多的選手，獲稱「世界最偉大奧林匹克選手」。如果你詢問他游泳的祕訣，他會跟你分享很多心得，但是如果你問他游泳要如何才不會喝到水，他會跟你說辦不到，因為只要經常游泳，喝到水或是嗆到水是家常便飯，就是要習慣喝到水跟如何面對嗆到水的情況，才能讓自己的游泳速度越來越快。如果你去世界美食大賽找到廚神，跟他請教料理的祕訣，他會跟你分享很多做菜心得，但是如果你問他說做菜要如何不被燙到，他也會跟你說辦不到，因為只要經常下廚，被燙到是很平常的事情，就是要習慣廚房可能發生的種種風險，才能讓自己好好下廚。就算你去問全球股神投資要如何不虧錢，他也會跟你說辦不到，因為只要持續投資，就一定會面臨虧損的時候，只有好好地正視虧損的發生，才能夠做好投資。

跟學游泳要習慣嗆到水一樣，投資也要習慣虧損，假設你的未來還要交易一千次，你要知道起碼有三百至五百次的虧損在等著你，聽起來似乎很嚇人，虧這麼多次不會把錢虧光嗎？不會的，因為你還有五百至七百次的獲利在等著你，前提就是要接受那些虧損之後，獲利才會隨之而來，我們投資要追求的不是每一次都獲利，而是在許多次的虧損跟獲利之後，總結起來是獲利就好，因此我們要有兩點認知：

第一就是永遠都要認為手中的部位是錯誤的，直到你的部位出現獲利為止

由於未來還要經常面對虧損，所以如果我們總是認為要等完美的投資機會出現才出手，我們就可能會喪失很多好的投資機會，另外假設真的出現完美的投資機會時，一樣也會有虧損的機率，但是如果我們認為投資的部位是正確時，就會對手中的部位寄予厚望，這樣當不如預期的情況發生時，我們就會不

知所措且不肯認錯，而讓應該要停損的部位沒有停損，最後就會造成嚴重的損失。

如果我們一開始就假設部位是錯誤的，那麼停損對我們來說就是預料中的事情，我們也不用等待完美的投資機會才出手，要知道一件事，獲利潛能最大的投資機會都是在大家想像不到的地方，所以我們投資是在等待好的機會而不是對的機會，只要投資人可以體認到這個觀念，就不會那麼難以停損了。

第二就是把你的停損點當作是另一個轉利點，由於停損點是負面的詞語，停止損失似乎不是一件開心的事情，所以要轉換一下名詞，就比較容易做到。我們未來可能還有數百次的投資，其中有一半是虧損另一半是獲利，那麼當一筆投資的獲利機會大大地降低之後，我們當然就要趕緊轉換這檔股票到另一檔股票，也就是轉換獲利的機會，所以我們未來的投資不是在做獲利出場的動作，就是在做轉換獲利的動作，因此就再也沒有所謂的停損點，只有一次又一次的轉利點，這樣子當我們要賣出手中虧損的股票時，就不會執著虧損的這檔股票，而會把注意力放在下一個獲利的機會，這樣子就會讓心情好上很多，當然就可以開心地投資，邁向新的投資旅程。

● 不可能避免虧損，專注在獲利才是重點

我們進廚房學習炒菜之前，就要先體認一件事情，就是廚房是個又熱又容易割手跟燙手的地方，雖然你會因此而更加小心，但是你知道受傷還是在所難免，來到股市也是一樣，無論你多麼小心，虧損總是如影隨形地跟著，既然你無法避開虧損，那麼就完全地接受虧損就好，再來只要注視著你的目標——「獲利」就好。

就像游泳高手游泳的時候也會喝到水，但是他在游泳的時候不是要避免喝到水，而是要盯著前方的目標，然後就拚命地往前游過去，我們交易也是一樣，風險是在進場交易之前就要控制好的事情，進場之後我們就要專心地朝向獲利的目標邁進，這邊並不是要你每次都獲利，而是出現虧損之後，你要馬上處理虧損，並且繼續尋找下一個獲利的機會，這就是轉換獲利的意義，你必須持續擁有轉換獲利的機會，才能穩定地邁向獲利的目標，當你的眼光永遠放在前方的獲利時，你就不會太在乎短線上的虧損，只要我們持續地控制風險（停止虧損擴大），並且追求下一次的獲利（尋找大賺的機會），那麼我們一定會和游泳選手一樣，最後還是會到達我們的目標的。

投資絕對不可能零虧損，接受虧損，獲利才會隨之而來。在有虧有損中，最終結果是獲利最重要，因此要有兩點認知：第一就是永遠都要認為手中的部位是錯誤的，直到你的部位出現獲利為止；第二就是把你的停損點當作是另一個轉利點。把握這兩點，才不會專注在眼前的虧損，而是朝未來可能的獲利前進，開心的投資。

幫助你接受虧損的操作守則：

- 將手上投資的虧損與停損點記錄下來，並在虧損之後找到下一次的轉利點，直到獲利為止。

前提就是要接受那些虧損之後，獲利才會隨之而來。

你能學做菜，無法學投資

我們在學習許多事情的時候，只要夠努力，最後都可以得到不錯的結果。如果我們喜歡泡咖啡，認真泡咖啡泡個七八年就會泡出非常專業的咖啡，也就是說努力就可以成為咖啡達人；如果我們喜歡做料理，認真做料理做個七八年就會做出非常美味的佳餚，也就是說努力就可以成為大廚；如果我們喜歡3C產品，我們認真研究3C產品七八年就會非常專業，也就是說只要努力也能成為3C達人，即使我們真的不努力，只要時間夠久也會有一些成就。

媽媽並不是天生就愛煮菜，但是經過三十年後自然就會有許多拿手料理，所以時間夠久也能成為好廚師；如果我們不愛泡咖啡，但是在咖啡店工作個二十年之後，也會泡出許多不錯的咖啡，時間夠久也能成為咖啡達人；如果我們不愛3C產品，但是卻在3C產業服務超過二十年，我們也會懂得許多3C的專業知識，時間夠久也能成為3C專家，所以無論我們有沒有努力，只要一直在某個領域學習，早晚都會成為專家或達人。

不過台灣有許多散戶在股市已經超過三十年以上，但是這些人還是持續維持虧損的情況，而且無論是努力或不努力，結果都一樣。很多散戶每天花在股市的時間都不少，但是仍然以虧損收場，另外無論是否聰明，結果仍然一樣，所以可以看到許多醫生或是律師在股市當中也無法有好的表現，如果努力跟聰明都無法讓我們的投資獲利，那要怎麼辦呢？

● 投資是可以學習的，要避免因虧損而懷疑投資技巧

事實上投資是可以學習的，但是我們要先了解怎麼學會一件事情，當我們遇到一個刺激時，會做出一個反應，這時候如果有好的結果，就會強化這個反應，相反地，如果結果不好，就會淡化這個反應。好比太太剛開始煮菜如果被老公嫌太鹹，下次她就會少放一點鹽巴，如果老公覺得口味太淡，下次就會多放一點鹽巴，最後就會煮出鹹淡剛好的菜色給老公吃了。這樣就是學習的過程，把好的結果繼續維持，不好的結果就改進，所以在很多領域無論我們有沒有努力，只要時間夠久我們都會成為達人，但是在投資領域上卻是例外的情況，我們無論學習任何技巧，都會有時候賺錢有時候虧損，賺錢的時候我們會認為這個技巧非常有效，不過虧損就會讓我們開始懷疑這個技巧，就像媽媽煮菜如果每次都固定放兩湯匙的鹽，你有時候跟她說很好吃，有時候卻跟她說太

鹹，相信你的媽媽就不會煮菜了。

我們在投資上會面對隨機的結果，如果用不正確的方式投資，有時候會賺錢有時候會虧損，如果我們用很正確的方式投資，結果還是一樣有時候賺錢有時候虧損，這樣子我們怎麼判定使用的投資方式是正確還是錯誤的呢？更可怕的是，如果我們使用錯誤的投資方式，但是市場卻一直給我們正確的結果，就會出現非常嚴重的後果，就像黃金在二〇〇九年到二〇一一年從八百元一路上漲到一千九百元，這三年期間，只要勇敢大買黃金且絕不停損的人，就會在市場上賺到大錢，也就是說這些大買黃金不停損的人是用了錯誤的投資方式，但是在那三年卻得到了很好的結果，這些人當然會以為這樣就是正確的方式，因此不斷地強化原本的反應，最後就會越買越多黃金，等到二〇一二年底黃金的泡沫破掉之後，黃金就從一千八百元一口氣下跌到一千兩百元，這些使用錯誤方式的投資人就會一口氣遭受很大的損失，這個時候他們才知道原本的投資方式是錯誤的，不過已經後悔莫及。

● 經歷過上漲跟下跌行情，才能判定投資績效

我們如果要學習投資，就不能拿短期的投資績效當作我們的結果，在一個

上漲的行情中，無論用哪一種方式做多都會賺錢，在一個下跌的行情中，無論用什麼方式做多都會虧錢，所以要判斷一個投資方式是好還是壞，就是要經歷過一段上漲行情以及一段下跌行情後，才能用這樣的投資績效當作我們的投資結果，如果你在二〇〇九年到二〇一一年作多黃金賺了兩百萬，最後在二〇一二年的時候作多黃金只虧掉了五十萬，整體來說你在黃金的投資績效就是獲利一百五十萬，這樣才能認定投資黃金的方式可能是正確的。

不過就算在黃金這項商品可以投資正確，也不代表在其他商品投資也會正確，而且這次操作黃金正確也不代表下次操作黃金可以正確，因此投資永遠是一個學習跟檢驗的過程，因為投資的市場往往是瞬息萬變，不像做菜或是泡咖啡可以用固定的方式來學習，因此投資的學習真的就像是逆水行舟，只要我們沒有繼續學習前進，就會開始後退了。

● 不要想著炒短線，找到屬於自己的獲利模式

在學習投資的時候，大多數人都只在乎短期的獲利，甚至只在乎明天的獲利，只想要今天買明天賣就賺錢，或是這個月買下個月就賺錢，你也許會說我看很長遠今年買明年賺錢就好，這樣還是目光淺短的態度，因為我們不是只要

一次的獲利，我們要追求的是永續的獲利，所以我們要透過每次的交易來思考，這樣的獲利模式是否下次以及之後的每次都可以重複發生，這才是我們每次交易的重點，如果你這次聽到一個朋友報給你一檔明牌，也許運氣好這次賺錢，那麼下次呢？朋友可以穩定地提供你賺錢的明牌長達三十到五十年以上嗎？如果不行，那麼這次靠明牌獲利並沒有什麼意義，因為你又不是一口氣重壓一千萬賺一億，然後一輩子都不投資了，你的目標絕對不是這一次投資的獲利，而是在十年或是三十年後，可以穩定地靠投資來產生財富，所以如果跟這個目標無關的投資，你都應該碰都不要碰才對。

我們常常看到週刊報導很多短期大賺的投資人，不過也許幾年後這些人都再度虧光退出市場了，我們應該要看已經賺錢賺夠了才退出市場的人，他們的投資理念到底是什麼？而不是永遠都在追求短線獲利的投資技巧，到底什麼是投資的獲利聖盃，這個問題的答案沒有人會一模一樣，因為大家想要過的生活都不同，所以只有靠自己在每一次的交易當中去思考、去尋找，當你透過夠多的交易思考出答案之後，你就能邁向屬於你的投資人生了。

投資是可以學習的，但是要先了解正確的投資方式。如果因為短時間獲利而將錯誤的方式視為正確的投資方式，最終還是會面臨失敗。不能拿短期的投資績效當作結果，要判斷一個投資方式是好還是壞，就是要經歷過一段上漲行情以及一段下跌行情後，才能用這樣的投資績效當作投資結果。投資永遠是一個學習跟檢驗的過程，如逆水行舟，不進則退。

幫助你學習「正確的投資方式」的操作守則：

- 當你開始進入投資市場，不要人云亦云，找到屬於自己投資心法，記錄下來，看看是不是常常管用，是的話就是你的獨門獲利模式。

到底什麼是投資的獲利聖盃，這個問題的答案沒有人會一模一樣。

蛋生雞、雞生蛋，投資眼光要長遠

假設我給人一顆雞蛋，有些人會覺得這顆雞蛋沒什麼了不起，頂多就拿去做成荷包蛋吃掉，連吃飽都不行，一點都不覺得這顆蛋有什麼，有些人則是會把這顆蛋拿去給母雞孵蛋，雖然當下吃不到荷包蛋，等到小雞出生還要繼續付出小米讓小雞吃，這樣等待三個多月後，才會有一隻熟成的雞出現，這個時候有些人覺得已經付出夠多了，就把這隻熟成的雞宰來吃，經過三個多月的等待跟付出，一隻肥美的雞就可以飽足三餐，所以原本一顆雞蛋只夠讓我們吃兩口，但是當我們願意看遠一點，就會有三餐的佳餚出現，若有些人繼續讓這一隻雞去配種並且再下蛋，就會多了很多顆蛋，這些蛋就會孵出更多隻雞，這些雞又會繼續孵蛋，最後就會有滿滿的雞跟滿滿的蛋，所以你不只可以滿足三餐，還可以從只能吃兩口的雞蛋，到永遠都吃不完的雞跟蛋，這兩種人一開始都只擁有一顆蛋，但是最後的命運卻大大地不同。

● 投資最重要是長遠的眼光，而非炒短線

如果我們想要選擇投資方式，一定要把眼光放得越遠越好，華倫巴菲特是全球股神，資產高達台幣二兆，不過如果要比每個月的績效，巴菲特可能排不到全球一萬名以內，他的績效用短期來看沒有什麼了不起，如果要比每年的績效，巴菲特可能也排不到全球百名以內，所以他的績效用中期來看也沒有什麼了不起，但是把時間拉長到二十年以上，他的績效就沒有人可以接近了，這就是遠光長遠跟短淺的最大差別。我們可以專注在短期的績效，那麼你永遠都會打贏巴菲特，但是長期下來你可能擁有的不多，或是我們直接把眼光放在十年之後，我們就會接近巴菲特，在十年後享有財富自由的生活。

我們在進入投資市場之後，就會發現有許多五花八門的投資方法，很多人只是在尋找會「賺錢」的方法，但是根本沒有考慮到這套賺錢的方法是用在短期還是中期，甚至是長期的角度，因為投資人可能追求的都是極短線的績效，也就是說不但要每個月賺錢，還想要每次交易都賺錢，那麼我們就不難了解這些人為何幾年過後，都會成為虧損的一群投資人，因為眼光都太過短視了。

●市場吹捧的短期獲利都是極端例子，不足學習

我們現在可能了解眼光放遠會賺錢，卻沒有重視眼光放遠的重要性，誰都想要十年後安穩退休，過著財富自由的生活，但是大多數人都在追求眼前的近利，做著極為矛盾的事情，為何會這樣呢？這是因為我們周遭的環境都在鼓吹短視近利的活動，只要有誰短期間做出很亮麗的績效，就會被市場吹捧跟效法，像是靠投資一年獲利一百倍，從事業務兩年賺到一千萬或是勇敢創業三年獲利上億等等，市場會把少數靠運氣成功的例子大大地宣揚，讓我們誤以為這就是成功的唯一道路，也就是要短期賺大錢，卻忽略了這些都是極端的例子，如果我們細心觀察，會發現你所認識的有錢人，十個裡面有九個都是靠認真打拚，並且經過長時間的付出才能擁有目前的成就。

一旦我們進入社會後，無論我們多麼努力，都很難避免這些短視近利的資訊影響，因此我們要正視這個挑戰，也就是說讓自己眼光放遠就是最困難的一件事，因為你的周遭都是充滿著反向的資訊，一間擁有百億營收的公司，在努力的過程不會有人去報導，一個穩定年薪千萬的業務，在他成功之前也不會有人報導，一個五十歲不到就可以享有財富自由的投資人，在他成功之前也不會有人去報導，所以任何我們需要知道的資訊，在目前這個社會都有如滄海一

粟，是不容易出現在我們的眼前，因此要如何讓自己堅定意志，在邁向財富自由的過程中，永遠保持著眼光放遠的態度前進，才是我們最需要努力的一件事！

● 投資最忌短視近利，目光放長遠計畫投資人生

你如果看到一個年輕人，每個月賺三萬就花掉三萬，你應該會嘆一口氣吧，這樣根本沒有未來可言，不過反觀自己是否就有長遠眼光呢？當我們看到一個投資大師，在短期間就賺到很多錢，我們總是心動不已，想要學習這樣短期賺大錢的技巧，你卻不知道一件事情，這些大師每個都還在市場上打滾，還沒有完全過著退休的生活，也許某一天這位大師就會出現嚴重虧損，並且從此就退出市場過著貧困的生活，這樣的例子總是多不勝數，我們的目標應該擺在長遠的成功者，應該像已經賺到大錢不在市場上的智者學習，雖然他們無法提供你短線賺大錢的技巧，但是他們會提供你長期賺取龐大資產，並且輕鬆退休的方法。所以想想看，你是想要短期賺大錢但最後輸光給市場，還是要在二十年後成為一個人人羨慕的退休者呢？

在台灣許多投資大師每年都說可以賺50％到一倍，但這些人沒有一個是退

休人士，華倫巴菲特已經可以隨時退休，他的年報酬也才20％左右，但是這20％累積了三十年之後，巴菲特現在就擁有花都花不完的財富，所以不要和吃雞蛋的人學投資，要和開雞園的人學投資，因為那才是你真正想要的投資人生。

拿到一顆雞蛋，是選擇吃掉或是讓蛋生雞、雞生蛋，一個決定就影響未來的財富。投資如果專注在短期績效，炒短線，長期下來反而可能造成虧損，要學習股神巴菲特將眼光放遠，才能真正從投資中賺到錢，如何讓自己堅定意志，在邁向財富自由的過程中，永遠保持著眼光放遠的態度前進，才是我們最需要努力的一件事！

幫助你學習「長遠眼光」的操作守則：

- 設定一個想執行超過十年的年報酬率，記錄下來，堅定自己的意志，將目光放長遠，並持續學習投資新知。

要如何讓自己堅定意志，在邁向財富自由的過程中，永遠保持著眼光放遠的態度前進，才是我們最需要努力的一件事！

從走路開始，避免慘跌

前面文章有提到，學習交易跟聰明無關，我們可以看到高學歷的人可能投資賺錢，也可能投資虧錢，沒有念過書的人也許投資會虧錢也可能賺大錢，這表示學習交易的第一個重點，就是不管聰明與否，都可以把交易學好。另外，我們可以看到有些事情可以簡單的傳承下去，像是數學、英文等知識，你學到1+1=2之後，無論你教給多少人，大家都會學到1+1=2，這是知識的範疇，不過有些事情就無法簡單地傳承出去，譬如藝術家的油畫，無論多少人跟這位藝術家學習，永遠不會有兩個人畫出一樣的油畫，這就是藝術的範疇。如果是學習知識，只要白紙黑字寫在書上，我們就可以確定學得起來，且可以得到一樣的結果，就像數學參考書一樣，不過如果是學習藝術，那麼白紙黑字的幫助就會非常小，你絕對無法透過一本書學會一位藝術家的油畫技巧跟畫風，只能跟在這位藝術家的身旁，身體力行地跟他學習，透過互動慢慢了解如何畫出那樣的畫風跟技巧，藝術是要靠身體才能學會的，因此學習交易的另一個重點就是，交易是一門藝術，不是知識，如果想要透過學習知識的方式來學交易，一定是學不會的。

● 摒除知識部分的學習，交易藝術的部分好比學走路

我們學習的許多事情或技巧可以分做二類，知識類的技巧可以透過白紙黑字習得，且結果每個人差不多；藝術則需要親身體會，讓身體持續學習後才能學會，且結果會因人而異。交易有一部分是屬於知識的範疇，像是了解下單前是否要先入金、買一張股票到底需要多少錢以及交易期貨選擇權的保證金如何計算等等，這些就是知識的範疇，可以透過白紙黑字學習且每個人的結果都一樣；不過占交易的另外一大部分則是屬於藝術的範疇，是只能意會不能言傳的範圍，像是多空力道的感受、進出點位的拿捏以及真假突破的判斷等等，這些關鍵的交易技巧，無論多少人去跟同一個操盤手學習，最後都會發現沒有兩個人會做出一樣的交易，表示這些就是屬於藝術的部分，是只能靠身體力行去讓身體慢慢學習的。

我們從小到大基本上都在學習知識，所以花了很多時間跟精力去了解如何快速的學習知識，像是努力抄筆記、錄音之後回家複習以及認真聽課等等，但是藝術是不能這樣學習的，要學習藝術就要知道我們當初學會的一門最難的技

巧，那就是「走路」，聽起來可能很可笑，走路哪有什麼難的，那是因為我們學會之後才不覺得難，你如果知道有些人躺臥病床三年後，重新開始學習走路要花上多少心力，你就會知道走路是一件不容易的事情，所以我們要試著回想當初是怎麼學會走路的，其實只有兩個重點：第一就是一直練習走路，在我們快要一歲的時候開始學習走路，那時候就只是一直練習，在練習走路的過程中，可能會跌倒超過不下百次甚至千次，但是經過無數次的練習之後，我們的身體就會記住走路這項技巧，最後就可以順利走路了；第二就是要避免受傷，如果小寶寶剛開始學走路就把他放在柏油路走，只要他一跌倒，就會痛得哇哇叫，這樣應該學個幾次之後他就不敢嘗試走路了，所以沒有人會這樣子做，我們都是讓小寶寶在柔軟的地墊上學習走路，因此跌倒不會有太大的傷害，就算真的跌倒撞到頭，爸媽也會馬上抱起來安撫，降低傷害，這就是我們小時候可以順利學會走路的另一個關鍵。

● 缺乏經驗、大額投資是初學者受阻的兩大關鍵

一般人學習投資的過程會遇到的狀況，第一就是缺乏大量的交易經驗，總是花太多的時間學習，而沒有親身多加體驗，因此身體就沒有機會可以體會交

易的技巧，再來更嚴重的是，許多投資人總是在還沒有學會投資之前，就把大筆資金投入，因此一旦不如預期就會發生嚴重虧損，導致個人資產以及心靈上都受到嚴重的傷害，形成內心深處的陰霾，就好像要溺水過的人學習游泳一樣，之後要再健康地學習交易是非常困難的，而且如果把虧損的心情分享給家人或朋友，往往也得不到應有的撫慰，甚至會被家人或朋友冷嘲熱諷一番，傷害不但沒有減輕，反而擴大，這就是大多數投資人無法好好學習交易的兩大關鍵原因。

投資人不妨像從學習走路開始，先讓自己在安全的地方學習走路，也就是說一開始只拿一點點資金練習投資或交易，這樣無論交易多少次或是犯下什麼錯誤都不會受到太大的傷害，給自己一至兩年的時間當作練習的時期，中間如果不順遂想要找人分享的話，最好找能夠支持自己的家人或朋友，適時地給予鼓勵，幫助你降低傷害並且有勇氣可以繼續前進，所有人都能夠學會走路，就表示只要透過以上正確的方式來學習交易，相信兩年後你的交易就會跟走路一樣輕鬆了。

●先從小額投資開始，避免跌得太大力

剛開始投資時，最大的重點就是經驗，所以趕緊開始正式投資就是最好的方法，而不是看書上課三五年後再開始投資，恰恰好應該要相反，應該要直接投資個三五年後再開始讀書跟上課，因為這樣才會知道你到底需要什麼樣的知識跟技巧，不過有一個重點是，絕對不能拿大錢來投資，要先拿很小的錢來投資，換句話說，就是投資時發生嚴重虧損，你也沒有難過感覺的金額來投資，這樣你才能客觀地累積投資的經驗，如果你練習鋼琴一彈錯，就被音樂老師大罵特罵甚至打你，那你就算再有音樂天分也無法學會彈鋼琴，因為彈錯鋼琴的傷害對你來說太大了，也就是說，我們必須保護好自己不受投資市場對我們的心靈造成傷害，這樣我們才能客觀地學會投資。

很多投資人往往買了會怕下跌，賣掉又怕會上漲，空手又擔心會錯過賺錢的機會，這就是以往受傷太嚴重的後果，這樣的投資人應該先把過去投資所造成的心理創傷給治好才行，因為投資很多時候不是技巧問題，而是心理的問題，很多投資人小時候就因為家庭或朋友間的摩擦造成心理創傷，這個時候他就不會想要在投資當中穩定獲利，只想要靠投資一夜致富，來滿足幼小心靈的願望，這很不切實際，而且結果往往只會造成更多創傷而已，所以一定要避開

投資對我們造成的傷害才行。

交易是一門藝術，不是知識，如果想要透過學習知識的方式來學交易，一定是學不會的。像是多空力道的感受、進出點位的拿捏以及真假突破的判斷等等，這些關鍵的交易技巧，只能靠身體力行去感受經驗。避免因缺乏經驗、大額投資造成虧損，要像孩子學走路一樣一步一步安全穩健的學習，加上親友的支持跟鼓勵，勇敢地學習交易。

幫助你初期投資的操作守則：

- 設定一個就算虧損了你也不心痛的金額，記錄下來，用這樣的金額開始你的投資之路，再逐漸微調可以承受的虧損金額。

我們必須保護好自己不受投資市場對我們的心靈造成傷害，這樣我們才能客觀地學會投資。

6 PART

投資富裕五步驟

建立好投資的正確觀念後，
再來就準備按表操課，
邁向財富的最終章吧！

從第一章開始請大家先勇敢地「想」要富有，這應該是最輕鬆卻最不容易的事情，許多人總是認為做比較難，所以不願意去做，那麼就請大家先躺著賺，也就是每天躺在床上用想的就好，每天睡前躺在床上的時候，好好的想一下，想想今天一整天的每一個想法都是跟財富有關，也就是說睡前就是好好檢視今天到底在想什麼的重要時刻，也許你會發現中午吃飯的時候你都在想跟貧困有關的事情，那麼就要調整過來，所以一開始請你躺著想，直到哪天你發現每一個想法都跟財富有關的時候，你就會想要起而行了。

第二章就跟大家說要如何行動，當然也是從簡單的小地方開始，也就是種下財富的種子，當你一天的想法都跟財富有關的時候，你的每一個行動也要跟財富有關才行，所以每天晚上的躺著賺行程，不但要想一下今天哪個想法跟財富無關，也要想一下今天哪一個行動跟財富是無關的，也許是同事有需要的時候沒有出手相助或是和家人有一些爭執，這些行為都是需要調整的，這樣才能確保一天都在邁向財富的道路上。

第三章是談富裕的能力，等到你的想法跟日常生活的行為都跟財富有關的時候，你就會想要發揮自己的能力來獲得財富，這時候相信是最重要的一件事，當你俱備了財富的條件時，如果你不相信自己的話，財富還是出不來的，所以相信自己並且善用所有的資源，不斷地充實自己（看書），這樣你就會發現能力會從心中源源不絕地湧出來了。

第四章是要提醒我們，財富包含很多，金錢也只是財富的一種，許多人追求金錢卻失去了其他財富，或一些人在追求財富的過程中則是鄙棄金錢，事實上，金錢跟財富是同等重要和珍貴的，所以我們要把金錢的價值提升，讓金錢成為一種寶貴的財富，這樣我們才會願意用能力換取大量的金錢，再用這些金錢換取財富，得到人生的最大價值。

第五章就是進入投資的門檻，當我們對金錢有正確的認知之後，才能開始進入投資，不過所有的技巧或技術，在開始之前，都要先了解學習這個技術的要點，到底學的是投資還是賭博，如果自己都不清楚，一直把賭博的行為當做是投資，當然得不償失。如果以為自己在義大利麵店學的是中式料理，那麼無論花多少功夫，都是徒勞無功的，所以建立好投資的正確觀念後，再來就準備按表操課，邁向財富的最終章吧！

這個世界上投資最成功的是華倫巴菲特，他是全球十大首富之一，所以你的投資行為一定要以他為榜樣才行，你可能會覺得要跟他一樣非常困難，沒錯，要成為巴菲特當然不容易，他的總資產在二〇一五年有兩兆台幣，如果我們只學到他的萬分之一，也會有兩億的資產，所以方向正確是很重要的，本章的每個投資方式，或多或少都有他的影子在，不過巴菲特獲利的關鍵重點不是在選股，而是在他對金錢跟財富的價值觀，既然我們都已經通過前面五章的考驗了，那麼本章的投資方法，就只是順水推舟而已。

● 幫助你進入投資市場的操作要訣

第一、讓自己先對金錢改觀，讓自己開始愛上金錢，過去的你總是被金錢追著跑，明天開始你要張開雙手歡迎金錢，並且換你去追著金錢跑，因為金錢就等於是你想要的人生，你如果想要追到你的愛人或是想要讓你的小孩開心，你應該會無時無刻都想著這件事情，想要追到金錢當然也是一樣的，你應該開始無時無刻地都想著金錢，因為金錢幫你的人生過得更加美好。

第二、再來就要調整自己的行為，當你的觀念想法都是要追求金錢，那麼你的行為當然也要和想法一致，以前會常常去餐廳享受下午茶和姊妹們聊八卦，現在你會和專業人士喝咖啡聊未來的事業，慢慢會不想做跟金錢無關的事情，而會聚焦在和金錢有關的活動了。

第三、每個人都有與生俱來的天賦跟能力，你不可能什麼都不做就能獲取財富，做不喜愛的事情當然也不會得到財富，一定要讓自己擅長的能力好好地發揮，自然就能夠得到相對應的財富，所以我們都應該好好地投資以及培養自己的天賦，讓這份天生的禮物可以在這個世界上有所貢獻，當這個貢獻越多，所得到的回饋也會越多。

第四、當我們往「錢」邁進時，如果遭遇到各式各樣的阻礙，原因通常就只有一個，就是以往討厭錢的經驗在阻礙你得到金錢，這個時候就必須再次的調整你對金錢的態度，才能夠化解前方的層層阻礙，如果你對金錢毫無誤解，保證金錢就會源源不絕地流向你身邊了。

第五、這個世界上許多人都用不同的方式賺到財富，投資只是其中一個小小的方式而已，如果真的下定決心想要靠投資累積財富的話，就要先好好了解投資的正確觀念，並且認真做好準備，就可以開始進入投資領域。

本書介紹了投資富裕的五步驟：第一章請大家先勇敢地「想」要富有、第二章說明如何從小地方開始行動種下財富的種子、第三章談富裕的能力、第四章提醒我們財富包含健康、家庭、金錢等、第五章就是介紹進入投資的門檻。掌握這五個步驟，投資方法也只是順水推舟更快邁向財富而已。

自己開一桌，自己訂交易規則

假設你剛到一個新環境，一群朋友找你打牌，你問他們要玩什麼牌，他們跟你說要玩「大老六」，梅花六是最大的一張牌，黑桃十則是最小的一張牌，其中3會比7大，而4又比8小，這樣跟你講了十幾個新規則，相信你會跟這些新朋友說你不想打牌了，所以「遊戲規則」是進入投資市場最重要的一件事，如果要你剛開始學投資就開始交易美國股市，不但沒有漲跌幅限制，而且要你晚上十點看盤到早上四點，無論是否會賺錢，你一定會說不願意，因為對健康有害，所以是要找適合自己的投資方式，而不是會賺錢的方式，否則可能會跑去墨西哥做碳交易了。雖然我們已經挑距離近交易方便的台股，但是在台股裡面還是有許多的交易方式可以選擇，譬如當沖交易、選擇權交易、融資交易以及借券賣出交易等等，大多數的人都會跟隨其他人做類似的交易，如果你的朋友都在做期貨，那麼你就會跟著他們做期貨，如果你的朋友都在做選擇權，你可能也會跟著做一下選擇權，你就等於是參加了別人的「大老六」，雖然不適合還是硬要去玩，最後你就會發現其他人都賺錢，只有自己在當冤大頭。

●「零股交易」是最好的交易模式

在投資市場上，因為操作不適合自己的商品，因而虧錢的投資人可能有一大半以上，所以若能挑選適合自己的投資方式，就已經是贏過一半以上的投資人了。在這邊要跟大家說一種最好的交易模式，也就是所謂的「零股交易」，在一般的開盤時間，也就是早上的九點到下午一點半，都是必須以一張為交易單位，也就是一千股一個單位，因此如果一檔股票的價格超過一百的話，要交易這檔股票就要有十萬以上的資金才行，如果想要交易股王大立光的話，由於它的價格在二〇一五年都超過二千五百元以上，因此就要有兩百五十萬的資金才行，所以如果一個投資人只有五萬元的資金，就只能購買五十元以下的股票，而且頂多買個兩三種就沒錢了，所以除非你的資金超過千萬元，否則都非常適合用零股交易這個投資方式。

有些人可能會擔心零股交易會不會不好成交，在以往的時代，想要交易零股必須要在下午二點以後打電話給營業員下單，在二點半的時候，統一集中搓合成交，所以下單的時間只有三十分鐘，而且由於零股的手續費不高，因此有些人會不好意思打電話下單，導致很少人交易零股，零股的成交量就不多，不過現在人人幾乎都用電腦或手機下單，而且下單系統都有預約下單功能，什麼時間都可以下零股的單，所以現在零股的成交量越來越大，不用擔心不好成交。

如果我們以零股交易為主軸，遊戲規則就會跟一般人完全不同，第一我們不用看盤，因為盤中我們根本無法交易，既然盤中不用看盤，就大大減少被行情影響的機會，所以市場上的過度恐慌跟貪婪就不會影響我們，我們的下單時間可能都是晚上八點過後，這個時候是投資人最冷靜的時刻，因此會有最好的下單品質；第二我們交易不會是以張為單位，是會以自己想要投資的金額為單位，我們可以訂出每檔股票的交易金額，譬如每檔股票固定交易兩千元，十元的股票就買進兩百股，一百元的股票就買進二十股，這樣這兩檔股票的波動對我們來說都是一樣的，如果我們是以張為單位，那麼買進一百元的股票一張，十元的股票也買進一張，這樣的結果全部都操控在一百元的股票身上，是沒有分散效果的。

● 自己找同伴開一桌「零股交易」

最好的一點是，我們可以透過零股交易的方式來存錢，既然我們是買零股，就很適合每個月固定投資小錢的上班族，我們可以每個月投資一千到五千元，透過存股的方式會比存錢還來得有趣又有效果，每個月都存五千元，一年後只有六萬元加一點點的利息，而且很容易把這六萬元花掉，但是透過存股的方式，報酬率有機會來到20%以上，那麼一樣是月存五千元，到年底可能會多出一萬元以上的利潤，而且由於是股票的庫存，所以是比較不容易花掉的資產，因此相對存現金的情況，存零股的方式是好很多的。

用零股交易來存錢，一個月只交易一次，往往會覺得沒有同伴，因為身旁的朋友可能都是每天大進大出的在股市裡廝殺，所以不妨自己開一桌，也就是找幾個志同道合的同伴，每個月找一天一起喝個下午茶，一起討論要買什麼零股，這樣你們就會有屬於自己的遊戲規則，當然贏面就會大大地增加了。

●找到最適合自己的投資，並隨著狀態去調整

在投資市場裡面，可以說是五花八門什麼都有，你想要以小搏大甚至以大搏命，那麼就有期貨選擇權甚至外匯保證金的交易；你想要當天買當天賣或是這一秒買下一秒就賣，那麼也有當沖或是高頻交易的方式給你學習；如果你想要一天二十四小時都在交易，那麼現在全球化金融也能讓你在半夜下單來做交易的，既然什麼交易都有，就好像你走進夜市看到五花八門的小吃，你不會都

來一份才對，會挑選自己喜歡或適合自己的食物來吃，投資也是一模一樣，並不是每種投資型態都適合你，必須挑選適合自己的投資才能有最大的效益，不過很多人往往都在做不適合自己的交易，那就是賠了夫人又折兵，不但因為這樣虧損累累，還對自己的投資能力產生懷疑。

雖然說最好要找到適合自己的投資，不過有時候我們並不了解自己，那麼我們可以用少少的資金多方嘗試，慢慢地找到適合自己的交易之後，再花多一點心思在上面，由於是適合自己的交易，會發現你做的就會相對好很多，學習效果也會比較好，最後就可以拿大筆一點的資金開始正式投資了。

另外，不同時期我們也會需要不同的投資方式，年輕的時候，由於時間多也喜歡挑戰，往往都會挑選短期的投機交易，讓自己可以從中獲取成長以及成就感，但當我們成家立業之後，我們就會轉換追求穩定的交易模式，這種時候我們就會挑選長期的投資方式，並且學習風險控管以及資金控管的觀念了。

找到適合自己的投資方式就已經贏過一半以上的投資人。最好的交易模式，也就是所謂的「零股交易」，隨著3C產品的發達，零股交易的成交量越來越大。它的好處是：第一不用看盤，第二交易不會是以張為單位，是會以自己想要投資的金額為單位。找幾個同伴，自己開一桌，用零股交易賺錢並分享討論，建立自己的遊戲規則，自然投資贏面大增。

幫助你找到「適合自己投資方式」的操作守則：

- 開始進入投資市場之後，將你嘗試的每個投資都記錄下來，並且記錄投資心得、獲利與虧損狀況，從中找到最適合自己的投資。

並不是每種投資型態都適合你，必須挑選適合自己的投資才能有最大的效益。

龍頭股老大是你的最佳選擇

在開始決定用零股存下第一桶金之後，再來就是要考慮投資什麼標的比較好，一般人買股票都是為了一個字「賣」，也就是說他們五十元買進就是希望六十元賣出，只要是有賣的念頭出現都是屬於投機的行為，因為你認定最後一定有人會用更高的價格跟你買進，那麼你賺的錢就會是那個人可能要賠掉的錢，因此只要想要賣，都是投機的行為，而投資的行為恰恰相反，就是完全不想要賣，所以我們會說投資我們的小孩，無非是希望他們未來有所發展，不是希望賣掉這些小孩；我們可能投資一間有機咖啡店，無非是希望未來可以有穩定的現金收入，不是為了有一天賣掉這間咖啡店，所以若我們能用「不賣」的角度來交易，就是屬於投資的行為了。

● 找出產業的老大

既然我們的交易是不能賣的，那麼舉凡技術分析、籌碼分析還有基本分析都不能用，因為這些數據一年後都會完全不同，都可能會賣掉。既然是不賣，就要找出一個因子，這個因子是未來十年內都不太會改變的因子，這樣才能當作我們的投資方向。股神巴菲特說過一句話：「如果一檔股票你沒有要持有十年以上，那麼你連十分鐘都不要持有。」這就是他投資的精華所在，根據這樣的精神我們可以找出三個因子，能夠讓我們投資十年以上都不改變，第一個因子就是找出產業的老大。

所謂產業的老大指的就是一個產業的龍頭股，當一間公司成為一個產業的龍頭股，就表示這間公司的規模、技術、專利、營運模式以及公司的人才素質都是數一數二的，所以一個產業的龍頭股在短時間內是不容易被取代的，當然如果一個產業不夠大的話，不要說龍頭股，整個產業都有可能會消失，所以這個產業一定要是夠大的產業，這個產業的龍頭股才會有較高的穩定性，如果投資人還是不知道如何判定，這邊就提供一個客觀的標的，也就是這個產業的龍頭股的股本要超過一百億，才是可以投資的對象，以下就列出幾個產業的龍頭股提供投資人參考，其他的標的只要投資人花點時間一定可以通通收集到。

各產業龍頭股代表及2018年股本

代號	股票	產業	2018股本（億）
2330	台積電	晶圓製造業	2,593
2317	鴻海	電子代工業	1,386
2002	中鋼	鋼鐵業	1,573
2881	富邦金	金融業	1,023
2412	中華電	電信業	775
1301	台塑	塑膠業	637
1216	統一	食品業	568
2610	華航	航運業	542
1402	遠東新	紡織業	535
1101	台泥	水泥業	510
2105	正新	橡膠業	324
2454	聯發科	IC設計業	159
2912	統一超	通路業	103

● 龍頭股往往也影響國家經濟，受到政府庇護，是投資首選

相信以上的龍頭股所有的投資人都耳熟能詳，就算是沒有接觸過股票的朋友，也可以知道幾間大間的龍頭股，美國的週刊做過一個實驗，在年初找十位有名的分析師來推薦潛力股，再找十位完全不懂股票的投資人來推薦潛力股，結果年底的時候分析師推薦的股票績效還不如十位不懂股票的投資人，因為這些投資人不懂股票，所以只會推薦最有名氣的龍頭股，一間公司能夠做到龍頭股而且讓大多數的人都聽過，就是一個最好的投資標的了。

一間公司可以成為一個產業的龍頭股，就是國家特別重視的公司，因為這些公司如果賺錢，國家的經濟自然就會變好，相反地，如果這些龍頭股出現問題，那麼國家的經濟就會開始動搖，因此政府無論在制定什麼政策，都會考慮到這些龍頭股的公司，所以這間公司不但已經是老大，擁有許多的強項在身上，更重要的是還有政府會罩這些公司，當然是投資標的的首選了。

● 把握好時機進場龍頭股

當我們要開始投資的時候，首先當然要找最穩定的公司開始，既然要找最穩定的公司，那麼最大的龍頭股公司就是我們的第一選擇，因為如果連最大的

龍頭股公司都出問題，那麼小間的公司可能就會有倒閉的可能，因此相對之下，龍頭股公司一定是相對穩定的標地。

既然是龍頭股公司，那麼一定就是只有一間，也是大多投資人都認同的標的，所以投資人可以上網去尋找一定可以找到，或是問問其它的投資朋友，你會發現大家給你的答案都不會差太多，當你用小額資金買入五到十間間龍頭股公司之後，你可以說是已經立於不敗之地，因為十間龍頭股公司都出問題的話，那也代表台灣的經濟出現嚴重的問題了，所以這樣的機率是微乎其微，既然這十間龍頭股公司幾乎不會倒，那麼只要看到大盤因為種種利空因素大跌的時候，就可以趕緊把握機會買入，就可以用較低的成本買到這些好公司了。

只要是有賣的念頭出現都是屬於投機的行為，而非投資行為。投資是一種長期持有的行動，因此找出產業的老大可以幫助選擇投資標的物。產業的老大就是一個產業的龍頭股，當一間公司成為一個產業的龍頭股，就表示這間公司的規模、技術、專利、營運模式以及公司的人才素質都是數一數二，在短時間內是不容易被取代的。這樣的公司也是投資標的的首選。

幫助你選擇投資標的操作守則：

- 試著從龍頭股當中找到投資目標，乘著低點時買進，將獲利、投資狀況紀錄下來。

記得：一個產業的龍頭股在短時間內是不容易被取代的。

領導人就是幫你打工的人

如果我們要研究一間公司，正常就要先研究這間公司的產業，像是太陽能產業、PC產業或是紡織產業等等，之後再來研究一間公司的獲利結構，由於不同產業的獲利模式都不同，因此要了解一間公司的獲利，結果往往要花上許多功夫，當你好不容易熟悉這個產業之後，可能過個一兩年這個產業就開始沒落，這樣你又要重新花時間來研究其他產業，很容易白費工夫，所以要研究公司的話就要找出所有公司都共通的重點，這樣只要花時間研究一個項目就好了。

● **選擇有好領導人的公司是投資關鍵**

我們來看看目前手機產業霸主「蘋果電腦公司」，雖然這間公司有著許多高科技的產業跟專利，還有大量的優秀人才，不過這些東西並不是蘋果電腦可以稱霸的關鍵原因，真正讓蘋果電腦可以有如此的成就，最大的推手就是他之前的領導人賈伯斯，賈伯斯對於美學的堅持讓iPhone成為市場最喜愛的手機品牌，另外賈伯斯在二〇〇三年就確診得到腫瘤，卻還是堅持在工作崗位上，可以見得他是多麼看重工作，甚至超過他的生命，所以蘋果電腦之所以有這麼大的成就，很大的原因就是擁有賈伯斯這個領導人，所以好的領導人就是一間公司成功的最重要關鍵。

另一個偉大的領導人就是台塑集團的王永慶，王永慶白手起家創造了龐大的台塑集團是非常了不起的事情，有很大的原因就是他是用盡全力在公司的事業上，一生幾乎都奉獻給工作，直到九十一歲過世前，他還是奔波到美國視察公司的生產業，可以說是工作到人生的最後一口氣，也因此台塑集團才會有這麼偉大的成就。

如果我們有像以上的二位員工願意替我們工作到最後一口氣，應該就是上輩子修來的福氣，只要我們在之前可以買進台塑的股票或是買進美國蘋果電腦的股票，我們就等於是請了王永慶、賈伯斯替我們工作，正常來說如果我們要請這麼優秀的員工，薪水不但很高，而且只會一年比一年還要貴，但是透過買股票來請這二位員工替我們工作的話，股票的價格就相當於是他們的薪水，而股票的價格只要遇到全球的利空，就會打折再打折，也就是說我們是有機會用很便宜的價格請到賈伯斯跟王永慶這樣的領導人來替我們工作的。

●訓練自己看人的能力，才能在投資中找到幫我們打工的好員工

因此買進股票就等於是請公司的領導人幫我們打工，如果你能請賈伯斯或王永慶幫你打工，即使是經營你家樓下的早餐店，這二位優秀的領導人都會很快地幫助你把早餐店經營成功，並且成為全台甚至全球最大的早餐店集團，因此只要領導人夠優秀，無論他做的是什麼產業，早晚都會成功的。我們只要找出好的領導人就好，不用再去研究產業的前景或方向了。好的領導人特質總是大同小異，像是全力以赴、熱愛工作、深附遠見以及能夠開創新局等等，我們只要訓練自己擁有「看人」的能力，就能夠找到替我們工作的好員工，若我們在不同產業都可以找到優秀的領導人，並且分散投資，我們就等於擁有一個強大的獲利集團，我們就是集團的大老闆了。

最後我們要知道股價就是這些優秀領導人的薪水，如果我們想要用便宜的薪水來請他們工作，那麼當然要等待全球出現大利空或是這些公司出現一些衰退或問題，這樣股價才會大跌，這個時候如果這些領導人的優秀特質還是沒變的話，我們就不用擔憂這些公司的前景，可以大膽地投資這些領導人，因為只要等待景氣復甦，這些領導人一定會帶領公司再創佳績。

●教你如何看「好的領導人特質」

假設你要開一間店，你覺得什麼因素最重要，是那間店的產業類別嗎？聽起來很重要，因為如果產業的市場很大或是需求很多，那麼開對產業很重要，不過有產業會永遠歷久不衰嗎？或都沒有競爭者嗎？應該沒有，即便開對產業未來還是有變數。那這間店的地點才重要嗎？當然黃金地段是不錯的選擇，不過如果那個地段忽然沒落的話怎麼辦？又要重新尋找新的地段了。開一間店許多的因素在未來都會改變，只有一個因素不會改變，那就是這間店的店長，如果你能請到一個好店長來幫你打工，如果產業出現變化，他就會跟著變化店內的產品，如果地段開始沒落，他就會開始努力思考各種行銷策略來刺激生意，而且好店長不可能三五年後就變成一個很差的店長，相反地隨著經驗累積，優秀的店長只會變成資深的優秀店長，讓你店裡生意更加地蓬勃發展。

所以我們要投資一間公司也是一樣，所有的因素都會隨著時間改變，但是好的領導人永遠都是優秀領導人，可以讓我們放心把投資的公司交給他永續經營，而且好的領導人特質都是固定的，只要能找到勤奮又有遠見的領導人，那麼他的公司就算短期可能因為大環境不好而績效不佳，但是經由好的領導人持續努力不懈工作，公司早晚都會蓬勃發展。

研究每個產業耗費太多時間，只要把握研究公司領導人這個項目，投資就可以事半功倍。好的領導人就是一間公司成功的最重要關鍵，因此買到這樣公司的股票，就好像找到優秀人才為我們打工。訓練自己「看人」的能力，若我們在不同產業都可以找到優秀的領導人，並且分散投資，我們就等於擁有一個強大的獲利集團，我們就是集團的大老闆了。

幫助你訓練「看人」的操作守則：

- 在投資一家公司之前，先從各家新聞報導、雜誌採訪、個人臉書中，觀察公司的領導人的特質，是不是有誠信、遠見、勤奮、不投機、眼光精準等等好的特質？

當我們買進台塑股票或買進美國蘋果電腦股票，就等於是請了王永慶、賈伯斯替我們工作。

從生活周遭找投資標的

華倫巴菲特手中持股的第一名是可口可樂，這間公司的產品並不是什麼高科技的產品，而是到處都看得到、喝得到的飲料。華倫巴菲特卻靠可口可樂這間公司賺到大筆的獲利，其中最大的關鍵就是這樣的產品天天都看得到，更重要的是，十年後還會是一模一樣的情況，跟一些高科技的東西相比，十年前的高科技在今天幾乎都已經消失，所以一間公司的產品是否能夠在十年後還存在於市場上，就是穩定投資的最大關鍵，而這樣的產品絕對不是很稀有的產品，像是太陽能或是石英晶體等我們幾乎碰不到的產品，可以維持十年都不用改變且還是可以穩定銷售的產品，大多都是日常生活必需品，也就是說基本上我們常常碰得到的產品，就是一個好產品，那麼生產這些必需品的公司當然就是可以穩定投資的標的了。

● **從日常生活中發掘好的投資產品**

不過日常生活中有那麼多東西，到底哪些東西是上市的公司出產的，是可以投資的產品呢？其實大部分的產品都必須標注一個重要資訊，就是出產這個產品的公司是哪間公司，而公司的名稱基本上分成二種，一種是有限公司，另一種則是股份有限公司。

當我們看到一個產品的公司是有股份的，就表示這間公司是有股票的，不過有股票的公司還是分成二種，一種是有上市上櫃的，另一種則是未上市的，這個時候我們就要去查一下這間公司是否有上市上櫃，有上市上櫃的公司才是可以挑選的投資標的。

之前有位油漆工人來我家粉刷牆壁，他知道我是做投資的，就問我有什麼公司可以投資，我反問他：現在賣最好的油漆是哪個牌子的油漆，他跟我說是「虹牌油漆」，這個時候我請他看看油漆桶上面是否有印著股份有限公司的字樣，他看了一下跟我說有的，是「永記造漆工業股份有限公司」，所以我就跟他說這間公司就是適合他投資的標的，因為他一定可以在第一時間知道這間公司的營收好不好，只要他持續用虹牌油漆，就表示永記造漆這間公司是穩定獲利的，所以他可以安心的逢低承接這間好公司，結果永記造漆從二〇〇一年到二〇一五年一共上漲了將近十倍之多。

還有一天，我跟一位朋友去吃火鍋，他也問說有什麼好的投資標的，這時候他剛好點一份中華豆腐，我就問他說是不是很愛吃豆腐，他跟我說他很愛吃豆腐，兩三天就要吃一次，我就請他把中華豆腐的盒子看一下是否有印著股份有限公司的字樣，他看了一下跟我說有的，是「中華食品實業股份有限公司」，我就回說這間公司就是適合他投資的標的，因為他兩三天就會「檢驗」一下這間公司產品的品質，只要品質沒有改變，一般店家也都持續使用中華豆腐的話，只要這間公司的股價下跌，他就可以安心的買入這間公司來放著，結果中華食品從二〇〇〇年到二〇一五年一共上漲了將近十四倍之多。

● 你所使用的商品，就是最可以關注的投資產品

上面二間公司都只是滄海一粟，台灣事實上還有大量的好公司，我們每天生活中都會遇到很多好公司，像是一早出門就會去便利商店買東西，這個時候你知道統一超商或全家是很好的公司；如果你打電話給客戶聯絡事情，應該要知道中華電信、遠傳電信以及台灣大哥大是很穩定的公司，如果你開車去加油，就會知道台塑化以及全國加油站是很穩定的公司；如果你每個月都要繳瓦斯費，那麼你就應該知道大台北瓦斯與新海瓦斯是很穩定的公司。

除了日常生活能看見的公司，市場上比較有名的公司像是台積電、鴻海等

等，最大的差別就是根本不用看研究報告，就可以完全地了解這間公司在做什麼，更重要的是，每天經過便利商店、打手機給客戶，以及開車去加油時，你知道這間公司目前的經營狀況，當你去便利商店沒人時、當你不想再用這間電信公司時，或是當你都不去某間加油站加油時，就表示這間公司出了問題，而且你會最先知道，這就是日常生活投資的最大好處，可以隨時緊盯你投資的公司。

總之，這些好公司的產品就在你我的日常生活中，我們所要做的就是用心去生活，察覺周遭是否有很好的產品，並且找出生產這些產品的公司即可，這些產品都是你每天看得到、碰得到的東西，所以你根本不用去研究公司到底好不好，因為你就在公司的最前線，因此只要這間公司的產品沒有問題，當這些好公司的股價大跌的時候，就是我們可以安心進場投資的時刻。

我們日常生活常碰得到的產品就是投資的好產品，注意生活中常用的商品，製造公司是否標示為「股份有限公司」，如此即為可投資的產品，越是自己熟悉的商品公司，越能快速掌握它的發展與脈動，因此是投資時最事半功倍的投資標的，因為你就在公司的最前線，最清楚這間公司的股票是否適合投資。

幫助你挖掘投資產品的操作守則：

- 從你平常在用的生活用品、常去的店，從中尋找投資的公司，列出相關的五間公司。因為你是第一線使用者，會最了解產品與服務的品質。

我們所要做的就是用心去生活，察覺周遭是否有很好的產品，並且找出生產這些產品的公司即可。

上山吧！遠離市場才能獲利

本章節一共提出了三個關鍵的投資方向，只要投資人花一點時間了解跟研究，每個月花個幾千元投資這些標的，幾年之後你就會擁有一群龍頭股、一群好的員工還有一堆好的產品，再來你就要知道賺錢的最大關鍵，就是「時間」，你必須靜靜地等待時間過去，當你投資好了之後，就不用再花時間研究怎麼買進跟賣出。水泥業的龍頭台灣水泥要幫你賺錢，只有一個方法，就是每天九點公司開門，然後一千名員工就會開始辛勤工作，到晚上六點關門，這樣日復一日經過了幾年之後，你身為台泥的股東才會賺到錢；郭台銘要幫你賺錢，他也是要花時間每天工作，幾年後你才會賺到錢，同樣地，永記造漆要幫你賺錢，公司也要每天開門營業，一直賣出各種油漆，幾年之後你才會賺到錢。試想看看，如果我們星期一買進股票，星期三就賣掉，這三天公司有什麼重要的變化嗎？基本上是沒有的，所以如果我們買進三天就要賺錢，就是純粹的賭博行為，真正的投資是要花時間等待的。

有一則故事是這樣的，在一座山上有一間小廟，香火鼎盛，香油錢很多，有一陣子股市重挫，所以很多股民都上山拜拜，跟廟裡的老和尚說現在大家的股票都賣不掉，非常悽慘，老和尚嘆了一口氣說：「我不入地獄，誰入地獄。」就下山把香油錢通通拿去買股票，幾年後股市全面大漲，許多人又上山拜拜，跟廟裡的老和尚說現在股市天天漲，大家都買不到股票，很想可以趕快買到股票，老和尚又嘆了一口氣說：「我不入地獄，誰入地獄。」就下山把之前買的股票通通賣光光，想當然爾，這位老和尚莫名其妙就賺了很多錢，這就是股市獲利的真諦，也是華倫巴菲特常講的：「在別人恐慌時貪婪，在別人貪婪時恐慌。」

●投資龍頭股、請領導人幫你打工、買好的產品是穩健的投資方式

透過本章節的三個方式，無論是投資龍頭股、請領導人幫你打工，還是買好的產品，我們都不會在股市大跌的時候恐慌，因為我們會透過零股的方式每個月分批投資，而且會希望股價越跌越好，因此你會跟老和尚一樣開始買入股票，等到市場開始大漲的時候，就是我們開始收割的時期，所以這三個方式是進可攻退可守的投資方法，如果股市沒有什麼漲跌，你會有穩定的年報酬收益，一定遠遠超過銀行的定存，但是當股市出現大漲大跌的行情時，就是市場

資產重分配的時刻，也是我們這群老和尚準備獲利的好機會了。

● 避開大量無意義的資訊，穩定心情才有獲利可能

不過如果我們想要當個稱職的老和尚，就要知道老和尚獲利的最大關鍵，就是住在山上，因為這樣他就接受不到任何資訊，才能夠客觀地做出正確的投資動作，如果我們整天都在股市裡面打滾，我們就只會跟那些上山拜拜的股民一樣，有時候恐慌，有時候貪婪，永遠陷在股市的水深火熱中，所以我們真正想要獲利的話，就請上山吧！

這邊的上山當然不是要大家都去出家當和尚，而是說要避開大量沒有意義的資訊，目前社會是資訊氾濫的情況，如何讓自己可以過著清幽的生活，是投資成功的重要關鍵，如果你接受了大量的金融資訊後，還能夠維持平靜的心情，你才能持續接收金融資訊，如果你接受了這些資訊後，會讓心情起伏不定，且會影響晚上的睡眠品質，你就應該趕緊上山，避開這些金融資訊，專心當個老和尚就好。

以前的社會是資訊不足，所以那時誰有比較多的資訊，誰就能領先市場，當然也比較有機會可以獲利，不過現在的社會資訊氾濫，不但資訊太多，而且

還充斥著許多假的消息，可能這個月你才聽到報導說全球經濟快完蛋了，不過才過幾個月你又會聽到報導說全球景氣大幅成長，也就是說許多資訊的來源都有一個重點，就是「不負責任」，既然這些資訊都不一定是的，那麼我們吸收越多，我們投資的績效就會越差，因此我們想要投資的績效可以穩定獲利，那麼首先要知道一件很重要的事情，那就是要慎選資訊來源，既然你是屬於長期投資人，那麼天天吸收金融資訊就沒有必要，每週研究市場走向也不一定有幫助，只要每個月關心一下市場就可以了。

除非我們的熱忱就是在金融業服務，否則投資都只是我們生活中的一小部分，如何讓我們的生活過得越來越充實，越來越充滿喜樂，非但是我們投資的目的，更是我們投資要成功的最大關鍵，希望大家都能夠在心中找到那位平靜的老和尚，帶著我們邁向財富的道路，迎接屬於我們的夢想人生！

三天時間就想賺錢，是賭博的行為，真正的投資是要花時間等待的。股市的真諦就如巴菲特所說：「在別人恐慌時貪婪，在別人貪婪時恐慌。」投資龍頭股、請領導人幫你打工、買好的產品，是進可攻退可守的投資方法。避開大量沒有意義的資訊，維持平靜的心情，才能讓自己的生活靠著投資過得越來越充實、喜樂，邁向財富之路及夢想人生。

幫助你選擇投資方向的操作守則：

- 試著一周都不要看理財資訊、財經新聞，如果不會對你的投資造成影響，減少接收不必要的資訊。

真正的投資是要花時間等待的。

附錄 交易獲利的六大關鍵心法

一開始你的內心還是有一堆聲音，
不過只要能夠堅持下去，假以時日，
內心的聲音就會反過來幫助你了！

你的敵人是「市場」還是「主力」？

很多人在交易的時候，都會說出以下的術語：被「市場」嘎空，或是被「主力」倒貨。

當然，為了追求分析文章生動有趣，猶如追劇一樣，比方說看延禧攻略，如果你看一齣宮廷劇，每天只在那煮飯、澆花跟打掃，這麼和平的宮廷劇誰要看！一定要充滿鬥爭、心機跟背叛，這樣刺激的劇情，才會讓我們情緒起伏，讓我們的生活多了那麼一點「精彩」！不過真正要開始交易的話，就要捨棄這份精彩，日常生活畢竟不是追劇，你有看過誰在打拚事業的時候，追求的是「精彩」呢？事業裡面的挑戰已經夠多，不需要再增加任何精彩了。

在交易當中，「市場」是你的獲利機會，沒有市場你就無法獲利了，「主力」則是你的獲利夥伴，就是有了主力，才會讓股價有波動，你才能從中獲利。看到這裡你瞭解了嗎？你在市場上唯一的敵人只有一個：就是「你自己」！

每當股票讓你獲利的時候，你腦袋就會冒出一個聲音：「有賺錢就快賣吧！不然跌下來怎麼辦？」然後讓你錯失賺大錢的機會。但是當你開始虧損，應該要停損的時候，你的腦袋卻會冒出另一個聲音：「應該會反彈的，千萬不要殺低！」長期下來，腦袋裡的這個聲音不斷地干擾你，一直讓你做出錯誤的決定，讓原本應該賺錢的機會溜走，讓原本小虧損的部位，變成大虧損，但你卻把那個聲音當成是你的好朋友？這樣是正確的決定嗎？

錯！那就是你交易的最大敵人！你不覺得，如果總是照那個聲音的相反動作去做，你就能夠大賺錢了嗎？不過誰會做這麼矛盾的事情呢？那樣做會讓你精神分裂，那怎麼辦呢？

想要完全解決這個問題，就要不斷地跟腦袋的聲音對話，仔細問你的內心：為什麼要一直讓你虧損金錢？虧損金錢這件事已經是個結果，如果你能往前找到原因，並且解決掉原因，保證進入投資市場就無往不利，肯定賺錢，當然這是不容易做到的事情，一般人都要3-5年，更甚至五到十年，才能了解自己在想什麼，或者有些人窮其一生都不知道自己再想什麼。

那麼有短期讓自己快速獲利的方式嗎？有的！首先要「白紙黑字」進行輔助，把你想要做的動作先用筆寫下來，然後等待開盤之後，就要照著紙上寫的做。這件事情看起來很簡單，但是保證你要花上半年的訓練，才有辦法做到這件事，才能不被內心聲音影響，按照原本寫下來的文字紀律操作。

因為我也是這樣一路走過來的，剛開始大概十筆交易只有兩筆會照著白紙上所寫的進行，維持自己的紀律，經過時間的訓練，再來可以做到五筆交易，慢慢地當我跟內心的聲音不斷地溝通後，他終於開始協助我了，所以現在幾乎是每筆交易，都是按照我的既定策略在操作。

只要培養出這個習慣之後，我就可以安心地做股市研究，因為我的下屬——右手，一定會執行我的交易策略，我就可以來安心檢驗我的交易策略，檢查是否有需要加強的部分，然後不斷地進行改良。

如果你的下屬——右手，老是有自己的想法，很喜歡胡亂交易，那麼當老闆的你，不管有再好的資訊或策略，都無計可施了。所以希望大家試試看這個方法，也不要給自己太大壓力，給自己一點時間訓練，慢慢感受按照固定交易策略，來進行交易的威力，一開始你的內心還是有一堆聲音，不過只要能夠堅持下去，假以時日，內心的聲音就會反過來幫助你了！

嚴重虧損怎麼辦？

個人寫文章時往往比較常看空，也被稱為是空頭總司令，就是因為在過去近二十年的股市經驗當中，只要空頭來臨，許多人都會因此而受傷慘重、哀鴻遍野，不只是一般的投資人，就連主力、法人跟教導眾人的投資老師都很難避開，通常只有「老手」才能躲過這樣的股災。所以如果你無法避開這波風險，該怎麼看待虧損呢？首先請不用太責怪自己，這看似簡單的停損動作，實際上是非常困難的。

有一部經典電影，叫做《心靈捕手》（Good Will Hunting），影片中在打開主角威爾心結時，心靈導師不斷地對主角威爾說：「這不是你的錯」。套用在交易時也是。我在交易市場歷經這麼多年，發現許多人會在交易當中責怪自己，這是非常不必要的行為。就像小朋友們練習騎腳踏車，歪歪扭扭重心不穩，過程當然也會摔倒，不過每次當他爬起來之後，他都不會責怪自己跌倒，身旁的家人也不會責怪他。經過這樣一次又一次地跌倒，小朋友才終於能夠學會騎腳踏車。

如果想在交易市場上穩定獲利，期望不用每天上班打卡，這當然是一件不容易做到的事情，你必須非常努力鑽研交易市場，而且還要不斷地面對挫折跟失敗，可能要繳交很多學費，重點是這個世界只有你一個人。正常來說，專注於交易這件事情，往往都不被人接受，因此當你跌倒的時候，也不容易得到家人的支持，但是這個時候你一定要支持你自己，絕對不要責怪自己，一定要勇敢地站起來，如果覺得很痛，那是正常的，你可以休息一下，再次重新開始。

常常有人會問我是否有這樣來不及停損的經驗？這點因人而異，因為個人是從技術分析白手起家，所以不容易被基本面所迷惑，也因此較少發生重大虧損，真的說起來不及停損的例子，只有一個，那真是椎心刺骨的經驗，也分享給大家：時間發生在二〇一五年的六月底，我在家發燒一整天，即便吃了一般診所的退燒藥，病情也不見起色，心想說掛急診應該會好轉的快一點，拖到隔天一早就到長庚掛去急診，沒想到一進到急診室診斷，醫生發現我各項身體數值都在飆高，診斷出肝膿瘍，立刻要求我必須馬上住院。厄運還沒結束，住進病房的時候，因為血壓太低，護士一度量不到我的血壓，沒想到居然是敗血性休克，為此馬上要轉入加護病房。

想來驚險萬分，之後感謝長庚醫院的醫生跟護士們妥善照護，住院長達一個月之後，總算是康復出院，這一個月的寶貴經驗，讓我的人生有很大的轉變，當初如果再慢一天去掛急診，也許我的人生就來不及停損了，死亡近在眼前。

想想，你現在手上還握有這張「人生的門票」，也許你在某個地方跌倒了，跌得很重、很疼，但是只要門票還在，就可以繼續玩下去。往好處想，川普破產了三次，還是再度富有，一個不小心還順便當上美國總統。

范冰冰停損了四十億台幣，馬雲停損了總裁的位置，上面的損失案例，你能幫忙嗎？當然不能，因為你不會損失你不能負荷的東西。但你的能力遠遠超過你的想像，你以前能夠做到的事情，你未來可以做到十倍以上。所以無論現在虧損多少，分批慢慢停損出場，讓自己休息一段時間，沉澱一段時間，再重新出發。

就如同當初我住院一個月，出院之後猶如脫胎換骨，做每件事情都能全力以赴，因為我不知道手上這張「人生的門票」，是否明天就到期了？所以那次住院看起來是不好的事情，對我來說卻是人生中最大的禮物。凡是轉個念頭想，現在的虧損看似不舒服，就像我住進加護病房那天，一切似乎無力回天，那時感覺快要掛掉。所以當下可能感覺不好，但是時光拉遠十年後，這會是你最寶貴的經驗，因此不要一直後悔跟遺憾著過去，只要努力面對未來，人生一定是大多頭的！

如何成為投資界的「費爾普斯」？

費爾普斯，是美國游泳運動員，擁有二十八枚奧運獎牌，為史上獲得最多奧運獎牌的運動員。同時也擁有史上最多奧運金牌、最多奧運個人項目金牌、最多奧運個人項目獎牌的紀錄。

費爾普斯的紀錄有多驚人，讓我們來看看：二〇〇四年雅典奧運，他拿下游泳項目上的六枚金牌，成為雅典奧運金牌數最多的選手。二〇〇八年北京奧運，他以八面金牌的成績，打破了一九七二年慕尼黑奧運中馬克•史必茲創下的七金紀錄，成為在同一屆奧運裡獲得最多金牌的運動員。費爾普斯沒有停止得獎的腳步，二〇一二年倫敦奧運會，他再添四金二銀，二〇一六年里約奧運再奪五金一銀，連續四屆奧運都是得獎最多的選手，總共累積二十三金三銀二銅。費爾普斯擅長的比賽為：長池游泳一百公尺蝶式、兩百公尺蝶式、四百公尺混合式，同時也是這些比賽項目的世界紀錄保持人。

看了費爾普斯的精彩戰績，請問他的游泳技巧是「最正確的」嗎？仔細想想，應該不是吧。確切來說，應該要說他的游泳技巧是「最適合他自己的」。

大多數的人都可以學會游泳，不會游泳的人大多數只有一個原因，就是「怕水」，為什麼這些人會怕水？往前追溯原因，大多數人的原因是小時候嗆過水，可能很嚴重，讓他對水產生恐懼。這也是為什麼住在海邊的人比較會游泳，因為親水，天天泡在水裡，不怕水又愛水。

如果你花一百萬跟費爾普斯學游泳，然後跟他說不想要喝到水，這是開玩笑嗎？費爾普斯會說他自己也做不到，他會游這麼快，多半因為喝水早就喝習慣了，甚至嗆到水他還是會繼續游泳。為什麼說這個案例呢？「水」在交易中指的就是「虧損」！

很多人怕虧損，想避免虧損，很遺憾的告訴你，這樣就無法正常交易，你必須面對虧損，只要控制虧損不要造成太大的傷害，然後在一連串的小虧損的訓練之後，虧損對你來說就跟呼吸一樣自然，那麼獲利就是必然的結果了。

總之，要成為投資界的費爾普斯一點也不難，掌握以下要點：交易技巧沒有最好，只有最適合自己的；看待虧損像呼吸一樣自然，先從控致虧損開始，再來習慣虧損，最後迎接獲利。

什麼是轉利點？

許多人在投資交易當中，往往就因為一次沒有做好停損的動作，而遭受巨大的虧損，因此只好黯然離開市場，並在心中吶喊：為什麼停損這麼難呢？

我們先來想一件事情，在一千次交易，如果用丟硬幣的機率來比喻是五百次正面、五百次反面，不過由於我們的交易是追求大賺小賠（賠率高），因此勝率會只有40％以下（勝率低），所以精算一下，我們必須要接受六百次的虧損，才能「贏」接四百次的獲利。

既然虧損六百次是必然的結果，那麼哪會有「停止損失」這種事情，你要做的並不是停止損失，而是改變心態去接納損失。

試著想一句話：「我要停損六百次！」想完之後感覺是好、是壞？如果感覺很差的事情，你一定無法持之以恆。既然我們必定要有六百次損失，想清楚我們損失的目的是什麼？就是轉換獲利的機會！每一檔股票都是一個獲利的機會或可能，當股價或指數不如我們的「獲利」預期，當然要趕緊「轉換獲利的機會」，而這個轉換獲利機會的點位，就是未來我們要使用的關鍵字彙。

那麼再回到一開始的聲明，將「我要停損六百次！」轉換成「我要轉利六百次！」是不是感覺好很多了？這樣你就能輕鬆地按下出場的滑鼠按鍵，然後繼續執行下一筆交易，因為你知道在轉利六百次之後，一定就會有四百次獲利出現，而最後的加總，就是你認真執行策略的「報酬」或「獎賞」。

因此請在心中默念：「我要轉利六百次！」，用這個念頭，來「贏」接最後的獎賞！

交易的魚網理論

你每個人來到市場最想知道什麼資訊嗎？就是「明天的行情」，總是希望明天大漲可以先做多，或明天大跌手中就有空單，所以一直在努力「預測」明天的行情走勢。但問題是明天的行情，有如一條魚一樣，你永遠不知道他會游向何方，不信的話，你試試看去湖邊猜猜看，你會很快就放棄猜測魚的動向。

許多投資人一輩子就在做這件事情，猜魚會往左邊就壓寶（做多），猜魚會往右邊就壓寶（作空），總是可以找到許多方式來猜魚的動向，像是右邊有魚餌，所以一定會往右邊（就像ＫＤ黃金交叉一定會大漲），或是左邊有小蟲，所以一定會往左邊（就像外資做空一定會大跌）。但是你可以知道最後的結果，就是沒有人可以知道這條魚的動向。如果整個海就只有一條魚，那麼保證你一定抓不到他。但是海裡面什麼沒有，就是魚多，就像市場什麼沒有，就是有行情，海裡面會有大魚（大商品大行情），也會有中魚（一般商品一般行情），當然也會有許多小魚（小商品小行情）。

你覺得厲害的漁夫會抓到很多魚，是因為他知道魚的動向嗎？當然不！他一樣也是不知道，不過他有一樣法寶，就是他的魚網。這條魚是怎麼被漁夫捕獲的？是因為漁夫看穿這條魚的動向嗎？絕對不是！是這條魚不小心跑進去這個魚網的。這就是賺錢獲利的關鍵，讓「利潤」自己跑進來。漁夫只要知道哪裡有許多魚（哪裡有行情），就帶著他的網子去撈撈看，只有要很多魚（行情夠大），那麼他就一定可以撈到不少魚。

不過重點來了，魚網有很多種，有補大魚的繩網，補一般魚的細線網，也有撈小魚的小網。你拿了什麼樣的網子，就只能抓什麼魚。

大的繩網永遠抓不到小魚，波段技術永遠賺不到五十點的小錢。

小的小網永遠抓不到大魚，短線技巧永遠賺不到五百點的大錢。

所以漁夫賺錢的關鍵就是：清楚知道自己要抓大魚還是小魚；只在有行情的時候帶魚網出門。

換句話說，在交易市場要獲利的關鍵就是：

1. 清楚知道自己要賺小錢還是大錢。
2. 準備好自己的交易策略（魚網）。
3. 等待行情出現時才出手。
4. 不去預測行情。

15 當行情符合交易策略時就會賺錢（讓魚自己進魚網）。

6. 不要整天換魚網（一下做短一下做長，一下股票一下期貨）。

7. 要熟悉自己的交易策略（魚網），並且持續加強。

8. 不要羨慕別人的績效（每個人的魚網都不同）。

9. 只要有市場就一定有行情（有大海就一定有魚）。

10. 耐心等待魚兒游進網子來就好。

我在文章當中準備了幾種簡單的漁網，想帶著大家一起補魚，總是有不同的魚在海中，我們無法每條魚都幫大家補到，不過我們會幫大家避免被海浪吞沒（被市場傷害），然後輕鬆地帶著我們的魚網，愉快地等待魚兒入網就好。

不以規矩，不成方圓

孟子曰：「不以規矩，不能成方圓。」意思是說，如果不用圓規和曲尺，也不能準確地畫出方形和圓形。

個人常常講交易最重要的事情，就是在交易之前訂出策略，包括進場的位置、出場的位置，最重要的就是配置多少資金，還有風險控制的程度。簡單的說就是進場、出場、轉利跟停利，只要事前能訂出這四個「規矩」，交易當下也能按照「規矩」來做，那麼你就是完成了一筆好的交易。

為何訂出「規矩」這麼重要？因為我們的腦袋太複雜，他會強烈地干擾我們，這是因為過去的經驗太混亂所造成的結果，假設我們一開始交易就有規矩，那麼從A到B的路線，就會是直線的箭頭（請見下一頁圖示），那是完全沒有猶豫的交易模式，該多就多，該空就空，交易就是如此簡單，就跟麥當勞的SOP一樣，不會有第二種結果。

不過一般人在沒有交易策略之下，原本是要做多的，因為觀看了電視網路的分析，原本做多的念頭就一直猶豫，最後反而是作空，就像右下的線條一樣。或是像左邊的線條一樣漫無目的，最後不知道自己在做什麼。

這時候我們應該要先拿出規矩出來，透過規矩（交易策略），我們可以逼自己先畫出一條由A點到B點的直線，一開始會很無聊，無法享受自由自在的交易，不過慢慢地你就會了解到，從A點到B點是怎麼一回事，當你學會了交易之後，就不必再拿規矩來規範了。這個時候你隨心去劃線，就會是C線，你知道最後你會到達B點就可以了。

就好像小孩子要守規矩一樣，因為他們還不會控制自由這件事情，如果沒有給小孩子規矩遵守，那麼往往都會有失控

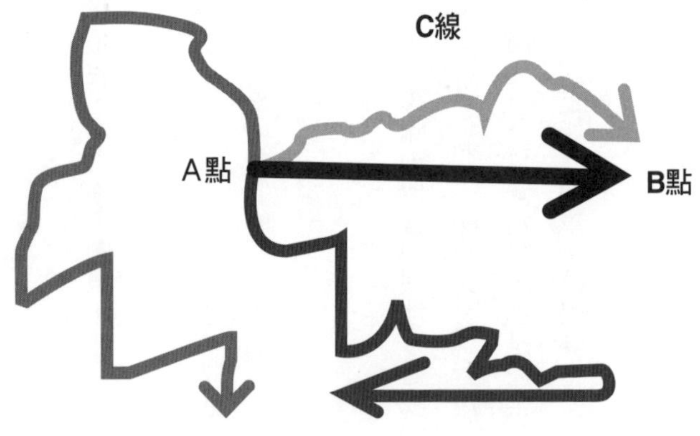

的表現，這不就和許多投資人一樣，在沒有策略的情況下，最後都會失控。因此我才會持續地示範，如何訂出適當的「規矩」，哪天當你可以不照我的方式做，也可以安心睡著時，那就表示你已經學會交易了。

國家圖書館出版品預行編目（CIP）資料

阿斯匹靈的理財航路：小資族投資法，每天3分鐘，航向人生勝利組！ / 阿斯匹靈作. -- 初版. -- 臺北市 : 帕斯頓數位多媒體, 2019.07
面； 公分. -- (頑智 ; 4)
ISBN 978-957-8628-32-8（平裝）

1. 個人理財 2.投資

563 108004823

頑智 04

阿斯匹靈的理財航路：
小資族投資法，每天3分鐘，航向人生勝利組！

作　者 阿斯匹靈
總 編 輯 張云喬
顧　問 樊欣佩
編　輯 李冠慶、鄭宇軒
發行經理 吳文浩
行銷企劃 何慶輝
法律顧問 連世昌律師
內文排版 菩薩蠻數位文化有限公司
封面設計 ivy_design
出　版 帕斯頓數位多媒體有限公司
電子信箱 pestle.lionlike@gmail.com
地　址 台北市文山區景後街95號8樓之7
電　話 （02）2930-8032
傳　真 （02）2930-9352
製版印刷 皇甫彩藝印刷股份有限公司

版　次 2019年07月初版一刷
2019年09月二版一刷
總 經 銷 知遠文化事業有限公司
地　址 222新北市深坑區北深路3段155巷25號5樓
電　話 （02）2664-8800
傳　真 （02）2664-8801
港澳地區總經銷 和平圖書有限公司
地　址 香港柴灣嘉業街12號百樂門大廈17樓
電　話 （852）2804-6687
傳　真 （852）2804-6409

定　價 新台幣NT$340元 /港幣HK$113
歡迎團體訂購,另有優惠,請洽讀者服務專線（02）2930-8032
Printed in Taiwan
【版權所有　翻印必究】（缺頁或破損請寄回更換）

請　沿　線　撕　下　對　折　寄　回

貼郵票格

11609
台北市文山區景後街 95 號 8 樓之 7

帕斯頓數位多媒體有限公司　收

書系：頑智 04
阿斯匹靈的理財航路：
小資族投資法，每天 3 分鐘，航向人生勝利組！

帕斯頓數位多媒體
讀者意見回函

◆請問你從何處知道此書？ □作者部落格 / 臉書 □網路 □書店 □書訊
□書評 □報紙 □廣播 □電視 □廣告 DM □親友介紹
□其他 ______

◆請問你以何種方式購買本書？ □誠品書店 □誠品網路書店
□博客來網路書店 □金石堂書店 □金石堂網路書店 □量販店
□其他 ______

◆請問購買此書的理由是？
□書籍內容實用 □喜歡本書作者 □喜歡本書編排設計

◆你的閱讀習慣：□文學 □藝術 □旅遊 □手作 □烹飪 □社會科學
□地理地圖 □民俗采風 □圖鑑 □歷史 □建築 □傳記 □自然科學
□戲劇舞蹈 □宗教哲學 □其他

◆你是否曾經付費購買電子書？ □有 □沒有

◆你對本書的評價：

書　　名	□非常滿意	□滿意	□尚可	□ 待改進
封面設計	□非常滿意	□滿意	□尚可	□ 待改進
版面編排	□非常滿意	□滿意	□尚可	□ 待改進
印刷品質	□非常滿意	□滿意	□尚可	□ 待改進
書籍內容	□非常滿意	□滿意	□尚可	□ 待改進
整體評價	□非常滿意	□滿意	□尚可	□ 待改進

◆你對本書的建議：
______
______

姓名：______ □女 □男 年齡 ______
地址：______
電話：公 ______ 宅 ______ 手機 ______
Email：______
學歷：□國中（含以下） □高中職 □大專 □研究所以上
職業：□生產 / 製造 □金融 / 商業 □傳播 / 廣告 □軍警 / 公務員 □教育 / 文化
□旅遊 / 運輸 □醫療 / 保健 □仲介 / 服務 □學生 □自由 / 家管
□其他 ______

※ 請務必填妥：姓名、地址、聯絡電話、e-mail 。